KURSTHEMEN DEUTSCH

Lyrik:

Natur und Mensch vom Sturm und Drang bis zur Gegenwart

Herausgegeben von
Dietrich Erlach und Bernd Schurf

Erarbeitet von
Reinhard Lindenhahn und Peter Merkel

Inhalt

A Natur und Mensch – Eine vielfältige Beziehung

1 Die Natur in der Dichtung 3
2 Das Gedicht über das Naturgedicht – Eine Einführung 5
   Infoblock: Die Interpretation und der Gedichtvergleich 8

B Natur und Mensch in der Lyrik – Vom Sturm und Drang bis zur Gegenwart

1 Sturm und Drang, Klassik und Romantik 9
   1.1 „Wie ist Natur so hold und gut …" – Sturm und Drang 9
   Infoblock: Sturm und Drang 9
   Infoblock: Lyrik des Sturm und Drang – Der junge Goethe 9
   1.2 „… und das Gesetz nur kann uns Freiheit geben" – Die Klassik 15
   Infoblock: Klassik 15
   Infoblock: Lyrik der Klassik 15
   1.3 „Selig, wer in Träumen stirbt" – Die Romantik 20
   Infoblock: Die Romantik 20
   Infoblock: Lyrik der Romantik 20
2 Realistische Strömungen 26
   Infoblock: Strömungen des Frührealismus 26
   2.1 „Verdross'nen Sinn im kalten Herzen …" – Frührealistische Schreibweisen 27
   Infoblock: Formen uneigentlichen Sprechens 29
   2.2 „Still wird's!" – Natur und Mensch im Realismus 33
   Infoblock: Realismus 33
3 Naturlyrik der Jahrhundertwende 36
   3.1 „Komm in den totgesagten park" – Symbolismus 36
   Infoblock: Fin de Siècle/Symbolismus (ca. 1890–1920) 36
   3.2 „Der Himmel ist einsam und ungeheuer" – Expressionismus 41
   Infoblock: Expressionismus (1910–1925) 41
4 „Die Erde will ein freies Geleit" – Von der Weimarer Republik bis zur Gegenwart 46
   4.1 „Sah in Gorgos Auge eisenharten Glanz" – Naturlyrik im Umfeld des Nationalsozialismus 46
   Infoblock: Die Natur wird politisch – Brecht und die Folgen 48
   4.2 „Die Hoffnung kauert erblindet im Licht" – Naturlyrik seit den fünfziger Jahren des 20. Jahrhunderts 55
   Infoblock: Naturlyrik seit den fünfziger Jahren des 20. Jahrhunderts 59
5 Naturlyrik in Themen- und Motivkreisen 65
   5.1 „Ist es ein lebendig Wesen?" – Bäume und Blumen 65
   5.2 „Wir sind schon vergessen" – Bedrohte Natur 73
   5.3 „Und meine Seele wurde eins mit ihnen" – Tier und Mensch 76
   5.4 „Wir gehen in dich ein" – Das Ich in der Natur 81
   5.5 „Kraut und Rüben gleich Gedicht" – Parodistisches 85

C Projektvorschlag: Die Natur in Romantik und Expressionismus – Gedichte und Gemälde

Infoblock: Malerei der Romantik und des Expressionismus 88
Lösungen/Quellen 93/94

A Natur und Mensch – Eine vielfältige Beziehung

1 Die Natur in der Dichtung

Die Dichtung über Natur hat viele Facetten. Sie reicht von distanzloser Naturschwärmerei über die Identifikation des Einzelnen mit der Natur bis hin zu einer scharfen Kritik am Menschen als Naturzerstörer. Aus zahllosen Naturgedichten wurden für dieses Heft möglichst markante Texte ausgesucht, die verschiedene inhaltliche Ausrichtungen aufzeigen und einen Einblick in die Naturdichtung unterschiedlicher Epochen ermöglichen.

C. D. Friedrich: Der Morgen (1821)

Arbeitsanregungen

1. Was verbinden Sie mit der Natur? Was bedeutet sie für Sie persönlich?
2. Finden Sie Ihre Gefühle und Gedanken zum Thema „Natur" von dem Bild angemessen repräsentiert? Begründen Sie Ihre Einstellung.

Beispielinterpretation: Ein Gedichtvergleich

Der Blick auf die Natur (und damit auch auf den Menschen selbst) hat sich im Lauf der Jahrhunderte stark verändert. Dies soll der folgende Gedichtvergleich beispielhaft zeigen. Dabei verstehen sich die erläuternden Ausführungen nicht als erschöpfende Textinterpretation, sondern stellen nur einige Aspekte der beiden Gedichte kontrastiv nebeneinander.

Ludwig Uhland
Frühlingsglaube[1] (1812)

Die linden Lüfte sind erwacht,
Sie säuseln und weben Tag und Nacht,
Sie schaffen an allen Enden.
O frischer Duft, o neuer Klang!
5 Nun, armes Herze, sei nicht bang!
Nun muss sich alles, alles wenden.

Die Welt wird schöner mit jedem Tag,
Man weiß nicht, was noch werden mag,
Das Blühen will nicht enden.
10 Es blüht das fernste, tiefste Thal;
Nun, armes Herz, vergiss der Qual!
Nun muss sich alles, alles wenden.

1 Das Gedicht trug zunächst die Titel „Frühlingstrost", dann „Frühlingshoffnung".

Karl Krolow
Gemeinsamer Frühling (1967)

Das haben wir nun
wieder alles gemeinsam:
einen singenden Baum
mit Vögeln statt Blättern,
5 die Brennnesselkur, den Aufguss
von Huflattich,
das gemeinsame Motiv,
die kollektive Luft.

Uns gehören
10 die Tauben auf dem Dach.
Die Dose Bier
schmeckt wieder im Freien.
Nun muss sich alles, alles
wenden.
15 Die leeren Seiten
füllen sich mit Bedeutung.
Das Schreiben über den Frühling
macht allen Spaß.

Seit Jahrhunderten ist der Frühling eine Metapher für den Neubeginn, für ein erleichtertes Aufatmen nach überstandenem Winter. Die Natur erschafft sich von Neuem und das erwachende Leben weckt auch die Lebensfreude des Menschen.

Beide Gedichte sind entsprechend von einer positiven Grundstimmung des Aufbruchs und des Wandels geprägt, was in dem hoffnungsfrohen Satz: „Nun muss sich alles, alles wenden" zum Ausdruck kommt (V. 6 und 12 bzw. V. 13 f.). Mit diesem Satz nimmt das jüngere Gedicht Krolows direkten Bezug auf jenes von Uhland und es wird zu untersuchen sein, ob beide Male dasselbe mit dieser Wende intendiert ist. Es stellt sich also die Frage, was bei Uhland und Krolow eigentlich erhofft wird und worin die Veränderung bestehen soll.

In Uhlands Gedicht wird diese Frage nicht explizit beantwortet. Die „Qual" des lyrischen Sprechers bleibt ebenso undifferenziert wie die sie ablösende Hoffnung. Sehr allgemein wirkt auch die Feststellung von der täglich „schöner" werdenden „Welt" (V. 7), sodass sich insgesamt der Eindruck vermittelt, dass der Sprecher einer ganz grundsätzlichen „existentiellen" Stimmung Ausdruck verleiht. Der Sprecher in Krolows Gedicht dagegen spricht von ganz konkreten, ja sogar banalen Dingen, wie zum Beispiel der „Brennnesselkur" und dem „Aufguss von Huflattich", (vgl. V. 5 f.).

Eine zentrale Rolle spielen dabei in Krolows Gedicht das Adverb „wieder" sowie der Umstand, dass der Sprecher von „wir" und „uns" redet, also von einer Gemeinschaft, und nicht nur vom eigenen Herzen, wie der Sprecher bei Uhland. Es geht also um die Möglichkeit, aus der im Winter erlebten Einsamkeit auszubrechen und im Frühling wieder mit Menschen zusammen sein zu können, „kollektive Luft" zu atmen (V. 8) und „gemeinsam[e] Motive" (V. 7) zu haben. Die Aussage: „Uns gehören/die Tauben auf dem Dach" (V. 9 f.) greift die Redensart „Lieber den Spatz in der Hand als die Taube auf dem Dach" auf und macht deren eigentlich höchst unsicheren Besitz zur optimistischen Gewissheit.

So weit geht Uhland in seinem Gedicht nicht. Der Titel „Frühlings**glaube**" gibt einer Hoffnung Ausdruck (das Gedicht war zunächst mit „Frühlingstrost", dann mit „Frühlingshoffnung" überschrieben) – aber eher im Stil eines verzweifelten Ausrufs, weil es doch so nicht weitergehen könne. Uhland war ein sehr politischer und im eigentlichen Wortsinn demokratisch denkender Dichter, der unter seiner Zeit litt und auf mehr Freiheit hoffte („Wohl werd ich's nicht erleben, / Doch an der Sehnsucht Hand / Als Schatten noch durchschweben / Mein freies Vaterland" – 1834). Deshalb haben diese doppelt formulierten Verse mit Sicherheit auch eine stark appellative Funktion.

Krolow hingegen zeigt in der letzten Strophe seines Gedichts, dass es ihm eher um eine neue Inspiration zum Schreiben geht: „Die leeren Seiten / füllen sich mit Bedeutung". Der Schaffensprozess eines Autors wird durch den Frühling stimuliert.

Ein Vergleich der beiden Texte zeigt auch eine Entwicklung der Sprache. Rhythmus, metrisches Gleichmaß und Harmonie treten in den Hintergrund. Daneben wird inhaltlich Disparates zusammengebunden (hier zum Beispiel: singender Baum, Brennnesselkur, Dose Bier, Schreiben über den Frühling).

Beide Texte zusammen deuten die thematische Spannweite der Naturlyrik an: Sie kann individuelle Befindlichkeiten und Stimmungen ausdrücken, sie kann politische Implikationen haben und sie kann auch poetologisch sein und Rückschlüsse auf das Verfassen ihrer selbst – also der Naturlyrik – zulassen.

Arbeitsanregungen

1. Zeigen Sie, wie der oben wiedergegebene Gedichtvergleich aufgebaut ist. Wo finden sich nachprüfbare textanalytische Elemente, wo eine über den Text hinausgehende Interpretation? Welche Aussagen könnten angreifbar sein?
2. Würden Sie die Interpretation an der einen oder andern Stelle erweitern, kürzen oder anders formulieren? Begründen Sie.
3. Lesen Sie den Infoblock zu „Interpretation und Gedichtvergleich" auf Seite 8 und überprüfen Sie den oben abgedruckten Gedichtvergleich auf dieser Basis noch einmal.

2 Das Gedicht über das Naturgedicht – Eine Einführung

Erich Fried
Neue Naturdichtung (1972)

Er weiß dass es eintönig wäre
nur immer Gedichte zu machen
über die Widersprüche dieser Gesellschaft
und dass er lieber über die Tannen am Morgen
5 schreiben sollte
Daher fällt ihm bald ein Gedicht ein
über den nötigen Themenwechsel und über
seinen Vorsatz
von den Tannen am Morgen zu schreiben

10 Aber sogar wenn er wirklich früh genug aufsteht
und sich hinausfahren lässt zu den Tannen am Morgen
fällt ihm dann etwas ein zu ihrem Anblick und Duft?
Oder ertappt er sich auf der Fahrt bei dem Einfall:
Wenn wir hinauskommen
15 sind sie vielleicht schon gefällt
und liegen astlos auf dem zerklüfteten Sandgrund
zwischen Sägemehl Spänen und abgefallenen Nadeln
weil irgendein Spekulant den Boden gekauft hat

Das wäre zwar traurig
20 doch der Harzgeruch wäre dann stärker
und das Morgenlicht auf den gelben gesägten Stümpfen
wäre dann heller weil keine Baumkrone mehr
der Sonne im Wege stünde. Das
wäre ein neuer Eindruck
25 selbsterlebt und sicher mehr als genug
für ein Gedicht
das diese Gesellschaft anklagt

Ursula Krechel
Ich fälle einen Baum (1977)

Ich fälle einen Baum
fälle ihn einfach
trotz meiner Furcht
der fallende Baum
5 erschlägt mich.

Immer habe ich abseits gestanden
wenn Bäume gefällt wurden
zögernd in der Entfernung
in der man Kinder hält.
10 Immer haben andere
getan, was notwendig war:
bei den verdorrten Pappeln
in der Allee einzementiert
beim Kirschbaum, dessen
15 magere Ernte die Spatzen fraßen.
Immer abseits
mit den Händen in den Taschen.

Ich will nicht sagen
daß es leicht geht
20 mit Axt und Säge.
Die Späne fliegen
aber es geht. Mit einem Schlag
dem letzten, fällt die Zypresse
mir vor die Füße
25 verdunkelt nicht mehr
mit ihrem Friedhofsschatten
meinen Tisch am Fenster.

Jetzt wieder am Tisch
ist mein Gedicht ganz hell. **R**

Beide Gedichte sind von einer Distanz zur Natur geprägt, die nicht für sich steht, sondern im Verhältnis zum Schreiben betrachtet wird. Selbst wenn die Bäume abgeholzt sind, lässt sich darüber noch ein Gedicht schreiben: als Anklage gegen eine Gesellschaft, die dies veranlasst hat. Der Protagonist in Frieds Gedicht sieht den Umstand des Baumfrevels selbst recht teilnahmslos (vgl. Fried, V. 19 f.), ja er sieht darin sogar Vorteile für seinen Schreibprozess – ebenso das lyrische Ich bei Krechel, das sich vom „Friedhofsschatten" der Zypresse (tatsächlich ein Baum der Trauer) gestört fühlt, weil er den Schreibprozess verdüstert. Hier wird das Fällen des Baumes geradezu zur Voraussetzung, schreiben zu können.

Erich Fried umreißt in seinem Gedicht exemplarisch die Ambivalenz aus Gesellschaftskritik und Genuss der Natur, die Brecht in seinem berühmten Gedicht „An die Nachgeborenen" („Was sind das für Zeiten, wo / Ein Gespräch über Bäume fast ein Verbrechen ist / Weil es ein Schweigen über so viele Untaten einschließt!") formuliert (vgl. S. 49). Neu akzentuiert wird diese Ambivalenz angesichts der sich in den achtziger Jahren des 20. Jahrhunderts abzeichnenden Umweltzerstörung. Nun beinhaltet die Gesellschaftskritik eben gerade die Zerstörung der Natur durch Gesellschaft und Politik.

Arbeitsanregungen

1. Bauen Sie die Erläuterungen zu den Gedichten Erich Frieds und Ursula Krechels zu einer ausführlichen Interpretation aus.
   - Analysieren Sie dabei zunächst beide Texte getrennt, indem Sie inhaltliche, sprachliche und formale Elemente betrachten.
   - Bemühen Sie sich dann um einen Textvergleich und formulieren Sie eine mögliche Aussageabsicht der beiden Gedichte.
2. Zu welchem Gedicht des Teilkapitels A 2 (S. 5–7) passt Ihrer Ansicht nach die folgende Zeichnung am besten? Begründen Sie.

Max Peintner: Die ungebrochene Anziehung der Natur (1970)

Gregor Laschen
Naturgedicht 7 (1983)

Ab und aus-
geschrieben epochenlang
die sechs anderen Wälder vorher, deutsche
Metapher von Kindesbeinen an, Gattung
5 aus Gründen. Das Naturgedicht
ist der letzte Text über die
Naturgedichte lange vor uns, hölzerne Suche
nach Bäumen in Gedichten
über was man
10 für ein Verbrechen hielt, als
es
noch
Bäume
gab.

Arnfried Astel
Naturlyrik (1972)

Das Gedicht
geht über Leichen.
Es handelt von Blumen.

Die „Naturgedichte lange vor uns" gehen von einer noch intakten Natur aus. Die Bäume, über die man zu Brechts Zeiten noch schreiben konnte und die gleichwohl (so der Vorwurf mancher) den Dichter davon abhielten, über Wesentlicheres zu schreiben, eben diese Bäume gibt es mittlerweile nicht mehr. Das Naturgedicht thematisiert nun die Suche nach der Natur in Gedichten. Und so kann es denn nicht ausbleiben, dass der Dichter verzweifelt über einem leeren Blatt brütet beim Versuch, über Natur zu schreiben:

Hans Magnus Enzensberger
Die Visite (1995)

Als ich aufsah von meinem leeren Blatt,
stand der Engel im Zimmer.

Ein ganz gemeiner Engel,
vermutlich unterste Charge.

5 Sie können sich gar nicht vorstellen,
sagte er, wie entbehrlich Sie sind.

Eine einzige unter fünfzehntausend
                Schattierungen
der Farbe Blau, sagte er,

fällt mehr ins Gewicht der Welt
10 als alles, was Sie tun oder lassen,

gar nicht zu reden vom Feldspat
und von der Großen Magellanschen Wolke.

Sogar der gemeine Froschlöffel, unscheinbar
                wie er ist,
hinterließe eine Lücke, Sie nicht.

15 Ich sah es an seinen hellen Augen, er hoffte
auf Widerspruch, auf ein langes Ringen.

Ich rührte mich nicht. Ich wartete,
bis er verschwunden war, schweigend. **R**

Arbeitsanregungen

1. Kommentieren Sie das Gedicht Laschens vor dem Hintergrund der Verse Bertolt Brechts (vgl. S. 6) und der sich darauf beziehenden Gedichte (S. 49 f.).
2. Interpretieren Sie Enzensbergers Gedicht.
3. In Enzensbergers Gedicht wie auch in dem von Karl Krolow (S. 3) ist von einem „leeren Blatt" bzw. „leeren Seiten" die Rede. Versuchen Sie deren Bedeutung zu erklären und stellen Sie von da aus eine Querverbindung zwischen den beiden Gedichten und ihrem jeweiligen Sprecher her.

Information — **Die Interpretation und der Gedichtvergleich**

Gedichte sind hoch komplizierte, individuelle literarische Texte, stark komprimiert und verschlüsselt, und ihr Reiz liegt gerade in ihrer Mehrdeutigkeit, sodass es völlig sinnlos ist, nach einem Dietrich zu verlangen, der jedes poetische Schloss öffnen könnte. Das heißt aber nicht, dass Gedichte sich jeder Deutung verschließen würden, oder gar, dass es nicht statthaft sei, sich einem lyrischen Text analytisch zu nähern. Bertolt Brecht hat dies angedeutet, wenn er schreibt: „Wer das Gedicht für unnahbar hält, kommt ihm wirklich nicht nahe. In der Anwendung von Kriterien liegt ein Hauptteil des Genusses. Zerpflücke eine Rose und jedes Blatt ist schön."

Was aber ist unter „Anwendung von Kriterien" zu verstehen? Geht es darum, Formbestimmungen zu machen, angelernte Stilmittel zu suchen und aufzulisten oder gar eine Ranking-Liste zu erstellen, in welchem Gedicht die meisten poetischen Mittel angewendet werden? – Sicher nicht!

Wir müssen unterscheiden zwischen Textbeschreibung, Textanalyse und Textinterpretation. Erstere kann für Letztere nützlich sein, darf sie aber nicht ersetzen. Eine lange, deskriptive Annäherung an den Text täuscht oft Genauigkeit vor, wo in Wirklichkeit nur Oberfläche ist, weil der so eminent wichtige Zusammenhang zwischen Form, Stil und Inhalt verloren geht. Die wichtigste Aufgabe eines Interpretierenden ist es zunächst, die richtigen Fragen an einen Text zu stellen. Die Übersicht auf der ausklappbaren Umschlagseite des Heftes soll Ihnen dabei helfen. Sie ist aber nicht zu verstehen als ein Fragenkatalog, den es abzuarbeiten gilt, sondern als eine unverbindliche Zusammenstellung von Aspekten, auf die man je nach Text achten könnte. Sie ist eine grobe erste Annäherung an ein Gedicht; die wichtigen Zusammenhänge sind erst noch herzustellen.

Für die Gedichtanalyse wählen Sie aus den Ergebnissen Ihrer Beobachtungen zu Inhalt, Sprache und Form das Besondere, Auffallende, vom Erwarteten Abweichende aus, das also, was dieses spezielle Gedicht von anderen unterscheidet, und versuchen, Beziehungen und gedankliche Querverbindungen herzustellen. Meist werden Sie dabei vom Gedichttypus, vom Thema und von der sprachlichen Form der Aussage ausgehen und dabei auch formale Beobachtungen, zum Beispiel zum Metrum, anstellen.

Die geschickte Verschränkung von Form und Inhalt gehört zur Kunst des Interpretierens. Die einzelnen Aspekte müssen zu Ihrer „Gesamtdeutung" passen. Dabei müssen Sie immer wieder Ihre Ausgangsthese überprüfen, ob sie noch „stimmt" oder verändert werden muss.

Teil der Interpretation kann über die Textanalyse hinaus auch der Bezug auf den Dichter und seine Zeit sein. Sie können sich in Lexika, auf verlässlichen Internetseiten oder in Literaturgeschichten darüber informieren und dieses Wissen nutzen. Sie sollten dabei aber niemals dem einzelnen Text äußere Faktoren überstülpen und versuchen, diese im Gedicht wiederzufinden.

Wenn zwei Gedichte zu vergleichen sind, gilt es zunächst, herauszufinden, welche Aspekte sich lohnend vergleichen lassen – so ist es zum Beispiel nicht sinnvoll, einfach Reimschema und Versmaß usw. zu vergleichen, wenn sich daraus keine Folgerungen für die Interpretation ergeben. Anschließend werden die Gedichte in oben beschriebener Art und Weise interpretiert, wobei es sich oft anbietet, nicht strophenweise vorzugehen, sondern nach bestimmten Aspekten zu gliedern und dabei auch durch Querverweise auf das Vergleichsgedicht einzugehen.

Einleitung und Schluss sollten beide Gedichte in allgemeiner Form thematisieren, wobei der Schluss die im Hauptteil erarbeiteten Aspekte auf allgemeiner Ebene zusammenfasst (Vorsicht vor Wiederholungen!).

B Natur und Mensch in der Lyrik – Vom Sturm und Drang bis zur Gegenwart

1 Sturm und Drang, Klassik und Romantik (ca. 1767–1835)

1.1 „Wie ist Natur so hold und gut …" – Sturm und Drang

Information **Sturm und Drang**

Der Sturm und Drang, der sich in der Spätphase der Aufklärung entwickelt, stimmt mit dieser Epoche in der politischen Forderung nach bürgerlicher Emanzipation und in dem Bestreben nach Verwirklichung des Humanitätsgedankens überein. Er grenzt sich aber auch durch eine starke Betonung des Individualismus und der Gefühle sowie durch eine schwärmerische Naturverehrung von der vernunftorientierten Aufklärung ab.

Die junge Dichtergeneration, allen voran Johann Wolfgang Goethe, fasziniert das „Genie": Es gehorcht nicht Kunstgesetzen, es folgt ausschließlich seiner Intuition, der Inspiration, der Phantasie. Jenseits der überkommenen Regelpoetik gilt die individuelle schöpferische Kraft, die sich von Natur und Natürlichkeit sowie vom „Herzen" leiten lässt. Offene Strukturen bei Drama und Lyrik, der Briefroman und eine expressive Sprachkreativität sind Kennzeichen des poetischen Schaffens.

Information **Lyrik des Sturm und Drang – Der junge Goethe**

Die Lyrik dieser Epoche ist vor allem mit dem Namen Johann Wolfgang Goethe verbunden. Während seines Aufenthalts in Straßburg (1770–1771) begegnet er Johann Gottfried Herder, der ihn für das Ursprüngliche und Urtümliche von Sprache und Poesie sensibilisiert und ihn auch mit dem Volkslied vertraut macht. Unter Herders Einfluss kreiert Goethe eine neue Lyrik. Deren zentrale Themen – Natur, Liebe, Gesellschaft – sind durchaus traditionell, die Inhalte und insbesondere die Formen aber revolutionär.

Johann Wolfgang Goethe

Goethes pantheistisches Verständnis der Natur, nach dem der Mensch Gott als die schöpferische Kraft in der Natur fühlen und erfahren kann, ist die inhaltliche Grundlage seiner Naturlyrik, deren prominenteste Form die Hymne ist. Wie viele andere Gedichte dieser Zeit auch verzichtet sie auf eine Normierung von Metrum, Vers, Reim und Strophe und ist stattdessen gekennzeichnet durch freie Rhythmen, Ellipsen, Parataxen, Inversionen, Neologismen und sprachliches Pathos.

Ein neuer lyrischer Typus ist die Erlebnislyrik, die ein persönliches Erlebnis so gestaltet, dass auch der Leser „miterlebt" und über das Persönliche hinaus Allgemeines sichtbar wird.

Johann Wolfgang Goethe
Maifest (1771)

Wie herrlich leuchtet
Mir die Natur!
Wie glänzt die Sonne!
Wie lacht die Flur!

5 Es dringen Blüten
Aus jedem Zweig
Und tausend Stimmen
Aus dem Gesträuch

Und Freud und Wonne
10 Aus jeder Brust.
O Erd', o Sonne,
O Glück, o Lust,

O Lieb', o Liebe,
So golden schön
15 Wie Morgenwolken
Auf jenen Höhn,

Du segnest herrlich
Das frische Feld,
Im Blütendampfe
20 Die volle Welt!

O Mädchen, Mädchen,
Wie lieb' ich dich!
Wie blinkt dein Auge,
Wie liebst du mich!

25 So liebt die Lerche
Gesang und Luft,
Und Morgenblumen
Den Himmelsduft,

Wie ich dich liebe
30 Mit warmem Blut,
Die du mir Jugend
Und Freud' und Mut

Zu neuen Liedern
Und Tänzen gibst.
35 Sei ewig glücklich,
Wie du mich liebst!

Ludwig Christoph Heinrich Hölty
Mailied (1776)

Der Anger steht so grün, so grün,
Die blauen Veilchenglocken blühn,
Und Schlüsselblumen drunter,
    Der Wiesengrund
5   Ist schon so bunt
Und färbt sich täglich bunter.

Drum komme, wem der Mai gefällt,
Und freue sich der schönen Welt
Und Gottes Vatergüte,
10   Die diese Pracht
    Hervorgebracht,
Den Baum und seine Blüte.

Arbeitsanregungen

1. Interpretieren Sie Goethes „Maifest". Beachten Sie dabei folgende Arbeitsschritte:
   - Formulieren Sie eine Interpretationshypothese.
   - Gliedern Sie das Gedicht in gedankliche Abschnitte.
   - Arbeiten Sie die Bedeutung der Natur heraus und zeigen Sie, wie Natur und Liebe zusammenhängen.
   - Analysieren Sie die sprachliche und formale Gestaltung des Gedichts und erläutern Sie, wie diese den Textinhalt verdeutlicht.
2. Prüfen Sie, inwieweit die Gedichte von Goethe und Hölty sich vergleichen lassen.
3. Geben Sie ein begründetes Urteil zur literarischen Qualität der beiden Gedichte ab.

B 1 Sturm und Drang, Klassik und Romantik (ca. 1767–1835)

Johann Wolfgang Goethe
Ganymed[1] (1774)

Wie im Morgenrot
Du rings mich anglühst,
Frühling, Geliebter!
Mit tausendfacher Liebeswonne
5 Sich an mein Herz drängt
Deiner ewigen Wärme
Heilig Gefühl,
Unendliche Schöne!

Dass ich dich fassen möcht'
10 In diesen Arm!

Ach, an deinem Busen
Lieg' ich, schmachte,
Und deine Blumen, dein Gras
Drängen sich an mein Herz.
15 Du kühlst den brennenden
Durst meines Busens,
Lieblicher Morgenwind,
Ruft drein die Nachtigall
Liebend nach mir aus dem Nebeltal.

20 Ich komme! Ich komme!
Wohin? Ach, wohin?

Hinauf, hinauf strebt's,
Es schweben die Wolken
Abwärts, die Wolken
25 Neigen sich der sehnenden Liebe,
Mir, mir!
In eurem Schoße
Aufwärts,
Umfangend umfangen!
30 Aufwärts
An deinen Busen
Allliebender Vater!

Peter Paul Rubens: Die Entführung des Ganymed (1611)

Rembrandt van Rijn: Der Raub des Ganymed (1635)

1 **Ganymed:** Zeus soll ihn entführt haben, damit er den Göttern auf dem Olymp als Mundschenk diene. In anderen Versionen der Sage hat Zeus ihn – den schönsten der Sterblichen – in Gestalt eine Adlers geraubt und zu seinem Geliebten gemacht.

Arbeitsanregungen

1. Zeigen Sie in einer sprachlichen und formalen Analyse, inwiefern man „Ganymed" als Hymne bezeichnen kann. Lesen Sie dazu den Infoblock ▶ Sturm und Drang, S. 9.
2. Untersuchen Sie das Verhältnis des lyrischen Ichs zur Natur. Deuten Sie dabei die Formulierung „Allliebender Vater".
3. Kooperieren Sie mit dem Fach Musik: Schubert hat „Ganymed" vertont. Beurteilen Sie die Vertonung. Wie würden Sie den Text musikalisch umsetzen?
4. Vergleichen Sie die Gemälde und zeigen Sie, wie beide die Ganymed-Figur interpretieren.
5. Vergleichen Sie die Bilder mit dem Gedicht unter dem Aspekt ihrer Intention.

Johann Wolfgang Goethe
Auf dem See (1775/1789)

Und frische Nahrung, neues Blut
Saug' ich aus freier Welt;
Wie ist Natur so hold und gut,
Die mich am Busen hält!
5 Die Welle wieget unsern Kahn
Im Rudertakt hinauf,
Und Berge, wolkig himmelan,
Begegnen unserm Lauf.

Aug', mein Aug', was sinkst du nieder?
10 Goldne Träume, kommt ihr wieder?
Weg, du Traum, so gold du bist:
Hier auch Lieb' und Leben ist.

Auf der Welle blinken
Tausend schwebende Sterne,
15 Weiche Nebel trinken
Rings die türmende Ferne;
Morgenwind umflügelt
Die beschattete Bucht,
Und im See bespiegelt
20 Sich die reifende Frucht.

Arbeitsanregungen

1. „Auf dem See" ist während einer Reise in die Schweiz entstanden. Informieren Sie sich über die biografischen Hintergründe.
2. Untersuchen Sie, wie das lyrische Ich die Natur erlebt, und klären Sie in diesem Zusammenhang die Bedeutung des Liebesmotivs in der zweiten Strophe.
3. Legen Sie dar, wie die Textform den Textinhalt zum Ausdruck bringt.
4. „Ganymed" (S. 11) und „Auf dem See" sind fast zur gleichen Zeit entstanden. Benennen Sie Vergleichsaspekte.

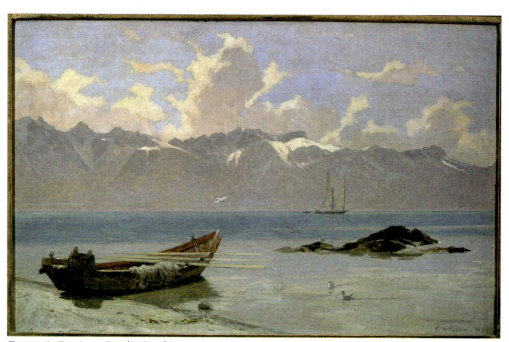

François Bocion: Genfer See bei Burier (1887)

Johann Gottfried Herder
Die Natur (1787)

Hast du, hast du nicht gesehn,
Wie sich alles drängt zum Leben?
Was nicht Baum kann werden,
Wird doch Blatt;
5   Was nicht Frucht kann werden,
Wird doch Keim.

Hast du, hast du nicht gesehn,
Wie von Leben alles voll ist?
Schon im Blatt des Baumes
10 Hoher Bau;
Schon im Keim der Früchte
Volle Kraft.

Reiche Fülle der Natur,
Labyrinth zu neuem Leben,
15 Kürzend tausend Wege
Tausendfach,
Überall belebend,
Allbelebt.

Lebend Weben der Natur,
20 Ew'ger Frühling junger Keime,
Wenn sie *mir* verwelken,
Starben sie?
Sind sie, *mir* verschwunden,
Nirgend mehr?

25 Nein, ihr blühet, wo ihr seid,
Hingelangt auf kurzem Wege,
Ihr, der großen Mutter
Lieblinge,
Ihre zartesten Sprossen
30 Welken früh.

Selig, selig, wo ihr seid,
In des Ew'gen Paradiese.
Hier am Lebensbaume
Blüten nur;
35 Dort am Lebensbaume
Früchte schon.

Mausoleum der Natur!
Wo der Tod zum Leben fördert.
Dieser Keim ward Pflanze,
40 Als er starb;
Jene Menschenpflanze
Genius.

Selig, selig, der ich bin
In der Welt voll Leben Gottes.
45 Meine Adern wallen
Seinen Strom;
Meine Seele trinket
Gottes Licht.

Empyreum[1] der Natur,
50 Wo einst alles sich belebet!
Alle Kräfte, Gottes
Feuerstrahl;
Alle Seelen, Gottes
Lebenslicht.

1 **Empyreum:** oberster Himmel, Wohnung der Seligen

Arbeitsanregungen

1. Gliedern Sie das Gedicht in gedankliche Abschnitte und markieren Sie inhaltliche Schlüsselbegriffe.
2. Legen Sie dar, welches Verständnis von Natur das lyrische Ich hier entwickelt, und erklären Sie in diesem Zusammenhang die Stellung des Menschen und die Bedeutung Gottes.
3. Erläutern Sie in einer detaillierten Analyse die Leistung der Sprachform für den Inhalt des Gedichts.
4. Inwieweit kann das Gedicht „Die Natur" als typisch für den Sturm und Drang gelten? Lesen Sie dazu ggf. noch einmal den Infoblock ▶ Sturm und Drang, S. 9.
5. Informieren Sie sich über den Autor, insbesondere über seine Leistungen als Sprachforscher.

Friedrich Schiller
Morgenphantasie (1782)

Frisch atmet des Morgens lebendiger Hauch,
    Purpurisch zuckt durch düstre Tannenritzen
Das junge Licht und äugelt aus dem Strauch,
    In goldnen Flammen blitzen
5   Der Berge Wolkenspitzen,
Mit freudig melodisch gewirbeltem Lied
    Begrüßen erwachende Lerchen die Sonne,
    Die schon in lachender Wonne
Jugendlich schön in Auroras Umarmungen glüht.

10   Sei, Licht, mir gesegnet!
    Dein Strahlenguss regnet
Erwärmend hernieder auf Anger und Au,
    Wie silberfarb flittern
    Die Wiesen, wie zittern
15 Tausend Sonnen im perlenden Tau!

    In säuselnder Kühle
    Beginnen die Spiele
      Der jungen Natur,
    Die Zephire kosen
20   Und schmeicheln um Rosen,
Und Düfte beströmen die lachende Flur.

Wie hoch aus den Städten die Rauchwolken dampfen,
Laut wiehern und schnauben und knirschen und strampfen
    Die Rosse, die Farren,
25   Die Wagen erknarren
      Ins ächzende Tal.

Die Waldungen leben
Und Adler und Falken und Habichte schweben,
Und wiegen die Hügel im blendenden Strahl.

30   Den Frieden zu finden
    Wohin soll ich wenden,
      Am elenden Stab?
    Die lachende Erde
    Mit Jünglingsgebärde
35   Für mich nur ein Grab!

Steig empor, o Morgenrot, und röte
    Mit pupurnem Kusse Hain und Feld.
    Säusle nieder, Abendrot, und flöte
    Sanft in Schlummer die erstorbne Welt.
40 Morgen – ach! Du rötest
    Eine Totenflur,
Ach! Und du, o Abendrot, umflötest
    Meinen langen Schlummer nur.

Arbeitsanregungen

1. Informieren Sie sich über die Biografie des jungen Schiller.
2. Interpretieren Sie das Gedicht, indem Sie
   - das Verhältnis des lyrischen Ichs zur Natur untersuchen,
   - den pessimistischen Schluss unter Bezug auf Schillers Biografie zu erklären versuchen,
   - den Titel in Ihre Überlegungen einbeziehen,
   - die Wechselbeziehung zwischen Inhalt und Form analysieren.
3. Goethe und Schiller sind die Protagonisten des Sturm und Drang: Wählen Sie ein Gedicht Goethes aus und vergleichen Sie es unter inhaltlichen und formalen Aspekten mit „Morgenphantasie".

1.2 „... und das Gesetz nur kann uns Freiheit geben" – Die Klassik

Information **Klassik**

Die Klassik, mit Goethe und Schiller als Protagonisten (Weimarer Klassik), aber auch mit Hölderlin und Kleist, gründet sich inhaltlich auf das Humanitäts- und Bildungsideal der Aufklärung, die das Welt- und Menschenbild bestimmen: „Alle menschlichen Gebrechen sühnet reine Menschlichkeit" – dieser Satz aus Goethes „Iphigenie auf Tauris" hat zweifellos programmatischen Charakter. Die Kunst, Medium ästhetischer Erziehung, ermöglicht dem Menschen die Begegnung mit dem „Wahren, Schönen und Guten" als Basis sittlichen Handelns. Die höchste Bestimmung des Individuums ist die harmonische Entfaltung aller seiner Kräfte zum Wohl des Ganzen.

Information **Lyrik der Klassik**

Die Lyriker der Klassik führen Themen wie Natur, Liebe, Individuum und Gesellschaft, Immanenz und Transzendenz aus der Zeit des Sturm und Drang fort, gestalten diese aber inhaltlich und formal anders. Die Ichbezogenheit des Tatmenschen, die rebellische Grundhaltung und der Kult des Genies treten zugunsten einer Weltanschauung des Ausgleichs zurück: Die Polarität von Ich und Gesellschaft, Pflicht und Neigung, Verstand und Gefühl, Natur und Kunst, Gehalt und Gestalt kann überwunden werden durch ein an der griechischen Antike orientiertes Kunstideal, das nach den Entgrenzungen der Stürmer und Dränger verstärkt Maß und Muster anerkennt. Für die Lyrik, die häufig als Gedankenlyrik erscheint, etablieren sich konzeptionell Symbol- und Gleichnishaftigkeit, häufig mit der Natur als Spiegel menschlicher Existenz, sowie eine strengere Formensprache. Sonett, Ode und Ballade, traditionelle Metren und Reimschemata gehören zum gestalterischen Repertoire.

Johann Wolfgang Goethe
Natur und Kunst (1800)

Natur und Kunst, sie scheinen sich zu fliehen
und haben sich, eh' man es denkt, gefunden;
der Widerwille ist auch mir verschwunden,
und beide scheinen gleich mich anzuziehen.

5 Es gilt wohl nur ein redliches Bemühen!
Und wenn wir erst in abgemessnen Stunden
mit Geist und Fleiß uns an die Kunst gebunden,
mag frei Natur im Herzen wieder glühen.

So ist's mit aller Bildung auch beschaffen:
10 Vergebens werden ungebundne Geister
nach der Vollendung reiner Höhe streben.

Wer Großes will, muss sich zusammenraffen;
in der Beschränkung zeigt sich erst der Meister,
und das Gesetz nur kann uns Freiheit geben.

Goethe (links) und Schiller

Arbeitsanregungen

1. Arbeiten Sie heraus, welche Bedeutung das lyrische Ich der Natur und der Kunst beimisst und in welches Verhältnis es sie zueinander setzt.
2. Analysieren Sie die Korrespondenz zwischen Form und Aussage.
3. Das Gedicht hat programmatischen Charakter: Erörtern Sie, inwieweit Goethe sich von seiner Sturm-und-Drang-Zeit abgrenzt.

Johann Wolfgang Goethe
Gesang der Geister über den Wassern (1779/1789)

Des Menschen Seele
Gleicht dem Wasser:
Vom Himmel kommt es,
Zum Himmel steigt es,
5 Und wieder nieder
Zur Erde muss es,
Ewig wechselnd.

Strömt von der hohen,
Steilen Felswand
10 Der reine Strahl,
Dann stäubt er lieblich
In Wolkenwellen
Zum glatten Fels,
Und leicht empfangen
15 Wallt er verschleiernd,
Leisrauschend
Zur Tiefe nieder.

Ragen Klippen
Dem Sturz entgegen,
20 Schäumt er unmutig
Stufenweise
Zum Abgrund.

Im flachen Bette
Schleicht er das Wiesental hin,
25 Und in dem glatten See
Weiden ihr Antlitz
Alle Gestirne.

Wind ist der Welle
Lieblicher Buhler;
30 Wind mischt vom Grund aus
Schäumende Wogen.

Seele des Menschen,
Wie gleichst du dem Wasser!
Schicksal des Menschen,
35 Wie gleichst du dem Wind!

Arbeitsanregungen

1. Gliedern Sie das Gedicht. Benennen Sie dabei die Stationen des „Wassers".
2. Das lyrische Ich vergleicht das „Wasser" mit der „Seele", den „Wind" mit dem „Schicksal" des Menschen. Erklären Sie, was damit im Einzelnen gemeint ist, und prüfen Sie, inwieweit Sie dieser Vergleich überzeugt.
3. Das Gedicht steht literaturgeschichtlich am Übergang vom Sturm und Drang zur Klassik. Zeigen Sie in einer Analyse von Inhalt und Form, inwieweit diese Zuordnung stichhaltig ist.

Johann Wolfgang Goethe
Mächtiges Überraschen (1807/08)

Ein Strom entrauscht umwölktem Felsensaale,
dem Ozean sich eilig zu verbinden;
was auch sich spiegeln mag von Grund zu Gründen,
es wandelt unaufhaltsam fort zu Tale.

5 Dämonisch aber stürzt mit einem Male –
ihr folgen Berg und Wald in Wirbelwinden –
sich Oreas[1], Behagen dort zu finden,
und hemmt den Lauf, begrenzt die weite Schale.

Die Welle sprüht und staunt zurück und weichet
10 und schwillt bergan, sich immer selbst zu trinken;
gehemmt ist nun zum Vater hin das Streben.

Sie schwankt und ruht, zum See zurückgedeichet;
Gestirne, spiegelnd sich, beschaun das Blinken
des Wellenschlags am Fels, ein neues Leben.

1 **Oreas:** Bergnymphe

Johann Wolfgang Goethe

Arbeitsanregungen

1. Interpretieren Sie das Gedicht. Achten Sie dabei besonders auf die gedankliche Entwicklung, die Bildlichkeit und seine Form und formulieren Sie seine Botschaft.
2. Vergleichen Sie die Gedichte „Mächtiges Überraschen", „Gesang der Geister über den Wassern" (S. 16), „Auf dem See" (S. 12) und „Ganymed" (S. 11) miteinander und arbeiten Sie im Hinblick auf Inhalt und Form wesentliche Gemeinsamkeiten und Unterschiede heraus.

Friedrich Schiller
Berglied[1] (1804)

Am Abgrund leitet der schwindlichte Steg,
Er führt zwischen Leben und Sterben!
Es sperren die Riesen den einsamen Weg
Und drohen dir ewig Verderben,
5 Und willst du die schlafende Löwin[2] nicht wecken,
So wandle still durch die Straße der Schrecken.

Es schwebt eine Brücke, hoch über den Rand
Der furchtbaren Tiefe gebogen,
Sie ward nicht erbauet von Menschenhand,
10 Es hätte sich's keines verwogen,
Der Strom braust unter ihr spat und früh,
Speit ewig hinauf und zertrümmert sie nie.

Es öffnet sich schwarz ein schauriges Tor,
Du glaubst dich im Reiche der Schatten,
15 Da tut sich ein lachend Gelände hervor,
Wo der Herbst und der Frühling sich gatten,
Aus des Lebens Mühen und ewiger Qual
Möchte ich fliehen in dieses glückselige Tal!

Vier Ströme brausen hinab in das Feld,
20 Ihr Quell, der ist ewig verborgen;
Sie fließen nach allen vier Straßen der Welt,
Nach Abend, Nord, Mittag und Morgen,
Und wie die Mutter sie rauschend geboren,
Fort fliehn sie und bleiben sich ewig verloren.

25 Zwei Zinken ragen ins Blaue der Luft,
Hoch über der Menschen Geschlechter,
Drauf tanzen, umschleiert mit goldenem Duft,
Die Wolken, die himmlischen Töchter.
Sie halten dort oben den einsamen Reihn,
30 Da stellt sich kein Zeuge, kein irdischer, ein.

Es sitzt die Königin hoch und klar
Auf unvergänglichem Throne,
Die Stirn umkränzt sie sich wunderbar
Mit diamantener Krone;
35 Darauf schießt die Sonne die Pfeile von Licht,
Sie vergolden sie nur und erwärmen sie nicht.

C.D. Friedrich: Felsenschlucht (1822/23)

1 „**Berglied**" ist 1804 entstanden, als Schiller an seinem Drama „Wilhelm Tell" arbeitete. Es lässt sich ein Bezug zur vorletzten Szene des 5. Aktes herstellen, in dem Tell dem Parricida die „Schreckensstraße" beschreibt, die er durch das Tal der Reuß über den St. Gotthard wandern soll, um nach Italien zu gelangen.
2 **Löwin:** an einigen Orten der Schweiz Ausdruck für Lawine

Arbeitsanregungen

1. Informieren Sie sich über die Figur des Parricida und stellen Sie die in Anmerkung 1 skizzierten Bezüge genauer her.
2. Interpretieren Sie das Gedicht; erläutern Sie dabei, wie das lyrische Ich die Berg-Natur sieht und wie sich dies in der sprachlichen und formalen Gestaltung äußert.

Friedrich Hölderlin
Der Spaziergang (1810)

Ihr Wälder schön an der Seite,
Am grünen Abhang gemalt,
Wo ich umher mich leite,
Durch süße Ruhe bezahlt
5   Für jeden Stachel im Herzen,
Wenn dunkel mir ist der Sinn,
Den Kunst und Sinnen hat Schmerzen
Gekostet von Anbeginn.
Ihr lieblichen Bilder im Tale,
10   Zum Beispiel Gärten und Baum,
Und dann der Steg der schmale,
Der Bach zu sehen kaum,
Wie schön aus heiterer Ferne
Glänzt einem das herrliche Bild
15   Der Landschaft, die ich gerne
Besuch' in Witterung mild.
Die Gottheit freundlich geleitet
Uns erstlich mit Blau,
Hernach mit Wolken bereitet,
20   Gebildet wölbig und grau,
Mit sengenden Blitzen und Rollen
Des Donners, mit Reiz des Gefilds,
Mit Schönheit, die gequollen
Vom Quell des ursprünglichen Bilds.

Friedrich Hölderlin
Hälfte des Lebens (1805)

Mit gelben Birnen hänget
Und voll mit wilden Rosen
Das Land in den See,
Ihr holden Schwäne,
5   Und trunken von Küssen
Tunkt ihr das Haupt
Ins heilignüchterne Wasser.

Weh mir, wo nehm' ich, wenn
Es Winter ist, die Blumen, und wo
10   Den Sonnenschein,
Und Schatten der Erde?
Die Mauern stehen
Sprachlos und kalt, im Winde
Klirren die Fahnen.

Arbeitsanregungen

1. Zeigen Sie in einer detaillierten inhaltlichen und sprachlichen Analyse, wie das lyrische Ich in dem Gedicht „Der Spaziergang" die Natur erlebt und welchen Wert es ihr beimisst.
2. Sowohl in Goethes Gedicht „Natur und Kunst" (s. S. 15) als auch in „Der Spaziergang" werden Natur und Kunst in Beziehung gesetzt. Vergleichen Sie die beiden Gedichte unter diesem Aspekt.
3. Interpretieren Sie das Gedicht „Hälfte des Lebens" unter besonderer Berücksichtigung des Titels und des Aufbaus. Informieren Sie sich über die Biografie Hölderlins.
4. „Die Landschaft, die ich beim Lesen der ersten Strophe vor Augen hatte, die des Bodensees nämlich mit ihrer nachsommerlichen Fülle von Blumen und Früchten, beglückte mich, das winterliche Bild der sprachlosen Mauern erregte in mir eine Wollust der Einsamkeit, das Klirren der Drähte an den leeren Fahnenstangen war dazu die passende Musik."
Bewerten Sie diese Äußerung der Dichterin Marie Luise Kaschnitz als Interpretationsansatz. Stimmt dieses Textverständnis mit Ihrem überein?

1.3 „Selig, wer in Träumen stirbt" – Die Romantik

Information — Die Romantik

Spezifisch für die in der Romantik versuchte Poetisierung der Welt ist die Idee der „Universalpoesie": „Die romantische Poesie ist eine progressive Universalpoesie. Ihre Bestimmung ist nicht bloß, alle getrennten Gattungen der Poesie wieder zu vereinigen [...]", sondern auch „das Leben und die Gesellschaft poetisch [zu] machen" (Friedrich Schlegel). Dabei führt das Wissen um die Differenz von Ideal und Wirklichkeit zu dem Kunstmittel der romantischen Ironie, die die Wunschprojektionen zu relativieren vermag.

Das Interesse der romantischen Dichtung gilt dem Emotionalen, Phantastischen und Traumhaften, dem Mystischen und Magischen; es bezieht sich auf das Dunkle und Verborgene der menschlichen Seele wie auch auf Religiöses. Auf der Suche nach dem Urgrund allen Seins blicken die Romantiker ins subjektive Innere („Nach innen geht der geheimnisvolle Weg"; Novalis) und streben zugleich nach Entgrenzung, nach Überwindung alles Trennenden in der Welt. Sinnbild dieser Suche ist die „blaue Blume" (Novalis), Zeichen einer letzten Erkenntnis. Von daher sind das Unterwegssein und die Sehnsucht nach der Ferne (Wandern, Reisen) durchaus typische Motive romantischer Literatur, die im Weiteren vor allem auch Liebe, Tod und die Natur thematisiert.

Novalis

Information — Lyrik der Romantik

Die Lyrik der Epoche stellt sich zunächst in die Tradition des Volksliedes, dessen Inhalte und Formen sie aufgreift und weiterentwickelt. So werden typische Figuren (z. B. Studenten, Jäger, Handwerksgesellen, Bürgerstöchter) und auch typische Motive (Aufbruch und Einkehr, Wandern und Reisen, Geselligkeit, Naturidylle, Mond u.a.) übernommen. An das Volkslied angelehnt geben sich Sprache und Strukturen teils schlicht und elementar, sie sind zugleich aber künstlerisch überformt. Auch die inhaltliche Gestaltung der Motive erscheint keineswegs als Nachvollzug naiver Volksdichtung: Die Dialektik von Realität und Irrealität, die Sehnsucht nach Entgrenzung, nach dem Wunderbaren und Geheimnisvollen verleihen der romantischen Poesie eine einzigartige Prägung.

Karoline von Günderode

Die Natur ist ein in der Romantik häufig gewähltes und vielfältig gestaltetes Thema. Seine Bandbreite reicht von einer schaurig-schönen, lockend-verführerischen, zerstörerischen und dunkel-geheimnisvollen Natur bis hin zur All-Natur, in der sich der Mensch aufgehoben und geborgen fühlt. Typische Motive sind zum Beispiel: Wald und Flur, Bäche und Flüsse, Tages- und Jahreszeiten, Aufbruch und Heimkehr, Mond und Mondnacht.

Neben Lyrikern wie Novalis und Tieck (Frühromantik), Brentano, Achim von Arnim und Eichendorff (Hoch- und Spätromantik) gibt es auch Lyrikerinnen; hier ist insbesondere Karoline von Günderode zu nennen.

Novalis
Wenn nicht mehr Zahlen und Figuren … (1802)

Wenn nicht mehr Zahlen und Figuren
Sind Schlüssel aller Kreaturen,
Wenn die, so singen oder küssen,
Mehr als die Tiefgelehrten wissen,
5   Wenn sich die Welt ins freie Leben
Und in die Welt wird zurückbegeben,
Wenn dann sich wieder Licht und Schatten
Zu echter Klarheit werden gatten,
Und man in Märchen und Gedichten
10 Erkennt die ew'gen Weltgeschichten,
Dann fliegt vor einem geheimen Wort
Das ganze verkehrte Wesen fort.

Joseph von Eichendorff
Wünschelrute (1838)

Schläft ein Lied in allen Dingen,
Die da träumen fort und fort,
Und die Welt hebt an zu singen,
Triffst du nur das Zauberwort.

Arbeitsanregungen

1. Untersuchen Sie Novalis' Gedicht inhaltlich. Markieren Sie dabei, was der lyrische Sprecher verwirft und was er fordert, und versuchen Sie beides zu erklären.
2. Analysieren Sie die Struktur und die sprachliche Gestaltung des Gedichts und zeigen Sie, wie diese den Textinhalt zum Ausdruck bringen.
3. Ähnlich wie bei Novalis richtet Eichendorff in seinem Gedicht „Wünschelrute" eine romantische Botschaft an seine Leser. Formulieren und erläutern Sie diese.
4. „Wünschelrute" besteht lediglich aus einer kurzen Strophe. Schreiben Sie eine Fortsetzung.
5. Novalis und Eichendorff skizzieren in ihren Gedichten ihr romantisches Welt- und Dichtungsverständnis. Prüfen Sie, inwieweit ihre Auffassungen in anderen romantischen Gedichten sichtbar werden.
6. „Und das Gesetz nur kann uns Freiheit geben": Vergleichen Sie das Kunstverständnis von Novalis, Eichendorff und Goethe (vgl. „Natur und Kunst", S. 15).

Clemens Brentano
Sprich aus der Ferne … (1801)

Sprich aus der Ferne,
Heimliche Welt,
Die sich so gerne
Zu mir gesellt!

5 Wenn das Abendrot niedergesunken,
Keine freudige Farbe mehr spricht,
Und die Kränze still leuchtender Funken
Die Nacht um die schattige Stirne flicht:
Wehet der Sterne
10 Heiliger Sinn
Leis durch die Ferne
Bis zu mir hin.

Wenn des Mondes still lindernde Tränen
Lösen der Nächte verborgenes Weh;
15 Dann wehet Friede. In goldenen Kähnen
Schiffen die Geister im himmlischen See.

Glänzender Lieder
Klingender Lauf
Ringelt sich nieder,
20 Wallet hinauf.

Wenn der Mitternacht heiliges Grauen
Bang durch die dunklen Wälder hinschleicht,
Und die Büsche gar wundersam schauen,
Alles sich finster tiefsinnig bezeugt:
Wandelt im Dunkeln   25
Freundliches Spiel,
Still Lichter funkeln
Schimmerndes Ziel.

Alles ist freundlich wohlwollend verbunden,
Bietet sich tröstend und traurend die Hand, 30
Sind durch die Nächte die Lichter gewunden,
Alles ist ewig im Innern verwandt.
Sprich aus der Ferne,
Heimliche Welt,
Die sich so gerne   35
Zu mir gesellt!

Arbeitsanregungen

1. Erläutern Sie den Aufbau des Gedichts und analysieren Sie seine sprachlich-formale Gestaltung.
2. „Alles ist ewig im Innern verwandt": Diskutieren Sie, inwieweit dieser Vers als gedanklicher Mittelpunkt des Gedichts gelten kann. Weisen Sie Ihr Ergebnis vom Text her nach.
3. Stellen Sie fest, welche epochentypischen Merkmale das Gedicht aufweist. Lesen Sie dazu noch einmal den Infoblock ▶ Romantik, S. 20.
4. Kooperieren Sie mit den Fächern Bildende Kunst und Musik:
   - Illustrieren Sie das Gedicht durch ein Verfahren Ihrer Wahl (z.B. Collage).
   - Rezitieren Sie das Gedicht und unterlegen Sie Ihren Vortrag musikalisch.

Clemens Brentano
Hörst du wie die Brunnen rauschen … (1827)

Hörst du, wie die Brunnen rauschen,
Hörst du, wie die Grille zirpt?
Stille, stille, lass uns lauschen,
Selig, wer in Träumen stirbt.
5 Selig, wen die Wolken wiegen,
Wem der Mond ein Schlaflied singt,
O wie selig kann der fliegen,
Dem der Traum den Flügel schwingt,
Dass an blauer Himmelsdecke
10 Sterne er wie Blumen pflückt:
Schlafe, träume, flieg', ich wecke
Bald dich auf und bin beglückt.

Arbeitsanregungen

1. Interpretieren Sie das Gedicht. Klären Sie dabei
   - die zugrunde liegende Kommunikationssituation,
   - die Bedeutung der Natur und des Traums,
   - die sprachlich-formale Gestaltung und ihre Funktion.
2. „Hörst du, wie die Brunnen rauschen …" – Natur- oder ein Liebesgedicht? Begründen Sie Ihre Entscheidung.

Friedrich de la Motte Fouqué
Waldessprache (1816)

Ein Flüstern, Rauschen, Klingen
Geht durch den Frühlingshain,
Fängt wie mit Liebesschlingen
Geist, Sinn und Leben ein.

5 Ein Chor von all den Zweigen
In süßer Harmonie,
Und doch jedwedes Neigen
In eigner Melodie.

Säng ich es nach, was leise
10 Solch stilles Leben spricht,
So schien aus meiner Weise
Das ew'ge Liebeslicht.

Doch schon im leichten Wandeln
Zog das Geflüster fort;
15 Dumpf ist der Menschen Handeln,
Und tot der Sprache Wort.

Arbeitsanregungen

1. Das Gedicht führt das Wort „Sprache" in seinem Titel. Sprechen Sie das Gedicht bewusst und tragen Sie es sich gegenseitig vor. Tauschen Sie sich über Ihre Vorträge aus.
2. Wie könnte man das Gedicht musikalisch unterlegen?
3. Erklären Sie, wie das lyrische Ich die Sprache des Waldes und die des Menschen einschätzt. Können Sie persönlich diese Sichtweise teilen?
4. Prüfen Sie, inwieweit sich Bezüge zwischen diesem Gedicht und jenen von Novalis bzw. Eichendorff herstellen lassen (vgl. S. 21).

Achim von Arnim
Der Kirschbaum (1810)

Der Kirschbaum blüht, ich sitze da im Stillen,
Die Blüte sinkt und mag die Lippen füllen,
Auch sinkt der Mond schon in der Erde Schoß
Und schien so munter, schien so rot und groß;
5 Die Sterne blinken zweifelhaft im Blauen
Und leiden's nicht, sie weiter anzuschauen.

Arbeitsanregungen

1. Interpretieren Sie das Gedicht. Achten Sie dabei insbesondere auf
   - das Naturerleben des lyrischen Ichs und seine innere Gestimmtheit,
   - die sprachliche Gestaltung.
2. Fügen Sie dem Gedicht eine Strophe hinzu. Oder schreiben Sie zu dem Titel „Der Kirschbaum" ein eigenes Gedicht.
3. Vergleichen Sie das Gedicht unter dem Aspekt des Verhältnisses Natur – Mensch mit anderen Gedichten dieses Kapitels.

Karoline von Günderode
Der Kaukasus (1805)

Mir zu Häupten Wolken wandeln,
Mir zur Seite Luft verwehet,
Wellen mir den Fuß umspielen,
Türmen sich und brausen, sinken. –
5 Meine Schläfe Jahr' umgauklen,
Sommer, Frühling, Winter kamen,
Frühling mich nicht grün bekleidet,
Sommer hat mich nicht entzündet,
Winter nicht mein Haupt gewandelt.
10 Hoch mein Gipfel über Wolken,
Eingetaucht im ew'gen Äther,
Freuet sich des steten Lebens.

Farblithographie nach Alexander Zick

Arbeitsanregungen

1. Informieren Sie sich über die Biografie der Autorin (1780–1806), die wegen mangelnder literarischer Anerkennung und aus unglücklicher Liebe ihr junges Leben beendet hat.
2. Wie lässt sich der Titel deuten? Informieren Sie sich dafür über die Sage des Prometheus.
3. Untersuchen Sie die äußere Situation und das innere Befinden des lyrischen Ichs. Klären Sie dabei sein Verhältnis zur Natur und die Funktion der Naturdarstellung.

B 1 Sturm und Drang, Klassik und Romantik (ca. 1767–1835)

Joseph von Eichendorff
Frische Fahrt (1815)

Laue Luft kommt blau geflossen,
Frühling, Frühling soll es sein!
Waldwärts Hörnerklang geschossen,
Mut'ger Augen lichter Schein;
5 Und das Wirren bunt und bunter
Wird ein magisch wilder Fluss,
In die schöne Welt hinunter
Lockt dich dieses Stromes Gruß.

Und ich mag mich nicht bewahren!
10 Weit von euch treibt mich der Wind,
Auf dem Strome will ich fahren,
Von dem Glanze selig blind!
Tausend Stimmen lockend schlagen,
Hoch Aurora flammend weht,
15 Fahre zu! Ich mag nicht fragen,
Wo die Fahrt zu Ende geht!

Arbeitsanregungen

1. Beschreiben Sie die Situation und die Stimmung des lyrischen Ichs.
2. Erläutern Sie seine Haltung dem Leben gegenüber und klären Sie dabei die Bedeutung der Natur.
3. Zeigen Sie in einer detaillierten Analyse, wie die Textform den Textinhalt zum Ausdruck bringt.

Joseph von Eichendorff   *[handschriftlich: Schweifreim]*
Nachts (1826)

Ich wandre durch die stille Nacht,   a
da schleicht der Mond so heimlich sacht   a
oft aus der dunklen Wolkenhülle,   b
und hin und her im Tal   c
5 erwacht die Nachtigall,   c
dann wieder alles grau und stille.   b

O wunderbarer Nachtgesang: a
Von fern im Land der Ströme Gang,   a
leis Schauern in den dunklen Bäumen –   b
10 wirrst die Gedanken mir,   c
mein irres Singen hier   c
ist wie ein Rufen nur aus Träumen.   b

Joseph von Eichendorff   *[handschriftlich: Trochäus (3?), melodiös]*
Mittagsruh (1837)

Über Bergen, Fluss und Talen,   a
stiller Lust und tiefen Qualen,   a
webet heimlich, schillert, Strahlen!   a
Sinnend ruht des Tags Gewühle   b
5 in der dunkelblauen Schwüle,   b
und die ewigen Gefühle,   b
was dir selber unbewusst,   c
treten heimlich, groß und leise   d
aus der Wirrung fester Gleise,   d
10 aus der unbewachten Brust,   c
in die stillen, weiten Kreise.   d

Arbeitsanregungen

1. Beschreiben Sie die nächtliche und die mittägliche Szenerie in den beiden Gedichten und untersuchen Sie, wie das lyrische Ich diese jeweils erlebt und was mit ihm vorgeht.
2. Analysieren Sie die sprachlich-formale Gestaltung des Gedichts.
3. Überlegen Sie, ob die Tageszeiten mit dem Geschehen um das jeweilige lyrische Ich in einem Zusammenhang stehen.
4. Wählen Sie eines der beiden Gedichte zur Rezitation aus. Unterlegen Sie Ihren Vortrag, wenn möglich, musikalisch.

Arbeitsanregungen zum gesamten Kapitel B 1

1. Legen Sie in einem Überblick dar, worin sich die Epochen Sturm und Drang, Klassik und Romantik unterscheiden und worin sie sich berühren.
2. Stellen Sie ein persönliches Ranking der Epochen und der Gedichte auf:
   - Welche der drei Epochen hat Ihr Interesse am meisten geweckt?
   - Nennen Sie drei Gedichte, die für Sie von besonderer Bedeutung sind.
   Begründen Sie jeweils Ihre Wahl.
3. „Naturlyrik vom Sturm und Drang bis zur Romantik – lesenswert in unserer Zeit?" Verfassen Sie einen Essay.

2 Realistische Strömungen

Information — Strömungen des Frührealismus

Es ist überaus problematisch, die literarischen Strömungen zwischen ca. 1815, also dem Wiener Kongress, und 1848, dem Revolutionsjahr, in die drei „Unter"-Epochen „Literarischer Vormärz", „Junges Deutschland" und „Biedermeier" einzuteilen. Dies hat sich als zu schablonenhaft und künstlich erwiesen. Die drei Strömungen liefen zeitlich zwar weitgehend parallel, folgten aber gegensätzlichen Tendenzen, die sich teilweise quer durch die Strömungen selbst und mitunter sogar quer durch das Werk einzelner Dichter zogen. Hinzu kommt, dass die Dichter, die landläufig einer der Strömungen zugerechnet werden und wurden, sich gegenseitig zum Teil nicht einmal kannten oder – schlimmer noch – sich heftig bekämpften, obwohl sie sich in ihren politischen Zielen recht ähnlich waren.

Auf der einen Seite findet sich im Frührealismus eine Literatur, die vorwärtsgerichtet ist und die an die Veränderbarkeit der politischen Zustände glaubt. Ihre Grundeinstellung ist bisweilen von politischer Schärfe, von Optimismus und Aufbruchsstimmung geprägt, wobei die einen eine eher revolutionäre Wende erstreben, die andern eher eine politische. Aber selbst hier ist eine klare Trennungslinie schwer zu ziehen: Büchner zum Beispiel wollte die radikale Veränderung der Zustände, glaubte aber nicht daran, dass diese realisierbar sei.

Auf der anderen Seite zeigt sich nahezu gleichzeitig eine Dichtung der Melancholie, des resignativen Weltschmerzes. Sie ist Ausdruck tief greifender Orientierungslosigkeit, innerer Zerrissenheit und Niedergeschlagenheit – wohl auch im Hinblick auf die als unabänderlich empfundenen reaktionären politischen Entwicklungen nach dem Wiener Kongress. Als Folge der politischen Einflusslosigkeit des Bürgers sind Teile dieser literarischen Richtung geprägt vom Rückzug in die traute Umgebung kleinbürgerlicher Häuslichkeit und familiärer Eintracht.

Die literarischen Tendenzen neben der Romantik werden mittlerweile immer häufiger unter dem Begriff „Frührealismus" zusammengefasst. Diese Bezeichnung ist zwar ebenfalls ein Konstrukt, hat aber den Vorzug, nicht dort Trennschärfe zu suggerieren, wo es keine gibt, und sie trägt überdies dem Umstand Rechnung, dass alle drei Strömungen einen eher der realistischen Darstellung verpflichteten Schreibstil haben und sich damit sowohl von der vorausgegangenen Weimarer Klassik und dem Spätwerk Goethes als auch – bei aller zeitweiligen Nähe – von der Romantik abgrenzen.

Heinrich Heine und Eduard Mörike zählen zu den bedeutendsten Lyrikern des Frührealismus, gehören aber unterschiedlichen Richtungen an.

Eduard Mörike

Heinrich Heine

2.1 „Verdross'nen Sinn im kalten Herzen …" – Frührealistische Schreibweisen

Hermann Ferdinand Freiligrath
Nebel (1836)

Der Nebel senkt sich düster auf das Land,
Und düster schrei' ich an der Seebucht Strand
Durch das Gefild, das winterliche, kahle;
Sieh, auf dem glatten Wasserspiegel ruht
5 Die untergeh'nde Sonne, rot wie Blut: –
So lag das Haupt des Täufers in der Schale!

Und dieses Haupt ist alles, was ich seh';
Sonst Nebel nur, und eine Handbreit See!
Verborgen steh' ich da vor allem Volke.
10 Kein Auge, das durch diesen Schleier blickt!
Mir ist, als hätte mich der Herr entrückt
Der Welt in einer finstern Wolke!

In einer Wolke, schwerer Wetter voll:
Mir ist, als zürn' in ihr, wie das Geroll
15 Des Donners, meines Liedes Dräu'n; – als fahre,
Wie niederfährt der Blitz aus dunkler Luft,
So mein Gedanke zuckend durch den Duft,
Dass zündend er sich draußen offenbare!

O, lasst ihn brechen durch den grauen Flor!
20 O, schreibt dem glüh'nden keine Wege vor!
Er ist ein Blitz! wohlan, so lasst ihn blitzen! –
Der Nebel senkt sich düster auf das Land;
Ich aber will auf dieser Dün' am Strand,
Aus einer Wolke zu euch redend, sitzen!

Heinrich Heine
aus: Neue Gedichte (1854)

Verdross'nen Sinn im kalten Herzen hegend,
Reis' ich verdrießlich durch die kalte Welt,
Zu Ende geht der Herbst, ein Nebel hält
Feucht eingehüllt die abgestorbne Gegend.

5 Die Winde pfeifen, hin und her bewegend
Das rote Laub, das von den Bäumen fällt,
Es seufzt der Wald, es dampft das kahle Feld,
Nun kommt das Schlimmste noch, es regen't.

Arbeitsanregungen

1. Beschreiben Sie die Grundstimmung der Gedichte.
2. Erarbeiten Sie am Text Gemeinsamkeiten und Unterschiede der Gedichte und suchen Sie dabei auch nach politischen Akzenten. Was bedeutet die Natur für das jeweilige lyrische Ich?
3. Informieren Sie sich über Freiligrath und Heine und verfassen Sie dann aus der Sicht eines von ihnen einen kritischen Kommentar über das Gedicht des anderen.
4. Vergleichen Sie die beiden Texte auf dieser Seite auch mit Lenaus Gedicht (Kap. 5.4, S. 84).

Adalbert Stifter
Das sanfte Gesetz (1852)

Das Wehen der Luft, das Rieseln des Wassers, das Wachsen der Getreide, das Wogen des Meeres, das Grünen der Erde, das Glänzen des Himmels, das Schimmern der Gestirne halte ich für groß: das prächtig einherziehende Gewitter, den Blitz, welcher Häuser spaltet, den Sturm, der die Brandung treibt, den feuerspeienden Berg, das Erdbeben, welches Länder verschüttet, halte ich nicht für größer als obige Erscheinungen, ja ich halte sie für kleiner, weil sie nur Wirkungen viel höherer Gesetze sind. Sie kommen auf einzelnen Stellen vor und sind die Ergebnisse einseitiger Ursachen. [...]

Arbeitsanregungen

1. Geben Sie Stifters Text in eigenen Worten wieder.
2. Was würde sein „sanftes Gesetz" für das Verfassen von Naturlyrik bedeuten?
3. Prüfen Sie, ob der folgende Text von Annette von Droste-Hülshoff in Stifters Sinne geschrieben ist. Begründen Sie Ihre Meinung mit Textbeispielen.

Annette von Droste-Hülshoff
Mondesaufgang (1844)

An des Balkones Gitter lehnte ich
Und wartete, du mildes Licht, auf dich.
Hoch über mir, gleich trübem Eiskristalle,
Zerschmolzen schwamm des Firmamentes Halle;
5 Der See verschimmerte mit leisem Dehnen,
Zerflossne Perlen oder Wolkentränen?
Es rieselte, es dämmerte um mich,
Ich wartete, du mildes Licht, auf dich.

Hoch stand ich, neben mir der Linden Kamm,
10 Tief unter mir Gezweige, Ast und Stamm;
Im Laube summte der Phalänen[1] Reigen,
Die Feuerfliege[2] sah ich glimmend steigen,
Und Blüten taumelten wie halb entschlafen;
Mir war, als treibe hier ein Herz zum Hafen,
15 Ein Herz, das übervoll von Glück und Leid
Und Bildern seliger Vergangenheit.

Das Dunkel stieg, die Schatten drangen ein –
Wo weilst du, weilst du denn, mein milder Schein?
Sie drangen ein wie sündige Gedanken,
20 Des Firmamentes Woge schien zu schwanken,
Verzittert war der Feuerfliege Funken,
Längst die Phaläne an den Grund gesunken,
Nur Bergeshäupter standen hart und nah,
ein düstrer Richterkreis, im Düster da.

25 Und Zweige zischelten an meinem Fuß
Wie Warnungsflüstern oder Todesgruß;
Ein Summen stieg im weiten Wassertale
Wie Volksgemurmel vor dem Tribunale;
Mir war, als müsste etwas Rechnung geben,
30 Als stehe zagend ein verlornes Leben,
Als stehe ein verkümmert Herz allein,
Einsam mit seiner Schuld und seiner Pein.

Da auf die Wellen sank ein Silberflor,
Und langsam stiegst du, frommes Licht, empor;
35 Der Alpen finstre Stirnen strichst du leise,
Und aus den Richtern wurden sanfte Greise,
Der Wellen Zucken ward ein lächelnd Winken,
An jedem Zweige sah ich Tropfen blinken,
Und jeder Tropfen schien ein Kämmerlein,
40 Drin flimmerte der Heimatlampe Schein.

O Mond, du bist mir wie ein später Freund,
Der seine Jugend dem Verarmten eint,
Um seine sterbenden Erinnerungen
Des Lebens zarten Widerschein geschlungen,
45 Bist keine Sonne, die entzückt und blendet,
In Feuerströmen lebt, im Blute endet –
Bist, was dem kranken Sänger sein Gedicht,
Ein fremdes, aber oh! ein mildes Licht.

---

1 **Phaläne:** ein Nachtfalter
2 **Feuerfliege:** eine Glühwürmchenart

Heinrich Heine
aus: **Reisebilder: Die Harzreise** (1824)

Es ist ein erhabener Anblick, der die Seele zum Gebet stimmt. Wohl eine Viertelstunde standen alle ernsthaft schweigend und sahen, wie der schöne Feuerball im Westen allmählich versank; die Gesichter wurden vom Abendrot angestrahlt, die Hände falteten sich unwillkürlich; es war, als ständen wir, eine stille Gemeinde, im Schiffe eines Riesendoms und der Priester erhöbe jetzt
5 den Leib des Herrn und von der Orgel herab ergösse sich Palestrinas[1] ewiger Choral.

Während ich so in Andacht versunken stehe, höre ich, dass neben mir jemand ausruft: „Wie ist die Natur doch im Allgemeinen so schön!" Diese Worte kamen aus der gefühlvollen Brust meines Zimmergenossen, des jungen Kaufmanns. Ich gelangte dadurch wieder zu meiner Werkeltagsstimmung, war jetzt imstande, den Damen über den Sonnenuntergang recht viel Artiges zu
10 sagen und sie ruhig, als wäre nichts passiert, nach ihrem Zimmer zu führen.

1 **Palestrina:** berühmter italienischer Komponist geistlicher Werke aus dem 16. Jahrhundert

Heinrich Heine
Ohne Titel (1833)

Das Fräulein stand am Meere
Und seufzte lang und bang,
Es rührte sie so sehre
Der Sonnenuntergang.

5 Mein Fräulein! Sei'n Sie munter,
Das ist ein altes Stück;
Hier vorne geht sie unter
Und kehrt von hinten zurück.

Information Formen uneigentlichen Sprechens

Gesagtes und Gemeintes klaffen oft auseinander und hinter den gedruckten Wörtern verbirgt sich häufig eine andere, eine tiefere Bedeutung.

Dabei hat die geschriebene Sprache natürlich wesentlich weniger Möglichkeiten, Doppelbödiges und Hintersinniges auszudrücken als die gesprochene, denn diese kann zum Beispiel mittels der Betonung oder der Modulation der Stimme oder mit Mimik bzw. Gestik den gesprochenen Text kommentieren. Dennoch enthalten auch geschriebene Texte, beispielsweise auch Gedichte von Heinrich Heine, Formen uneigentlichen Sprechens, die es zu erkennen gilt, wenn man den Text nicht falsch verstehen soll. Dabei gibt es die verschiedensten Möglichkeiten, mit Sprache etwas zu verschleiern und es damit – paradoxerweise – zu entlarven, zum Beispiel:

- Doppeldeutigkeit
- Wortspiel
- holprige Reime
- schräge Metaphern
- Ironie, Sarkasmus
- „falsche" Stil-Ebene, Kitsch
- Über-/Untertreibung
- scharfe Kontraste
- unpassende Vergleiche

Heinrich Heine
Sonnenuntergang (1826)

Die glühend rote Sonne steigt
Hinab ins weitaufschauernde,
Silbergraue Weltenmeer;
Luftgebilde, rosig angehaucht,
5 Wallen ihr nach; und gegenüber,
Aus herbstlich dämmernden Wolkenschleiern,
Ein traurig todblasses Antlitz,
Bricht hervor der Mond,
Unter hinter ihm, Lichtfünkchen,
10 Nebelweit, schimmern die Sterne.

Einst am Himmel glänzten,
Ehlich vereint,
Luna, die Göttin, und Sol, der Gott,
Und es wimmelten um sie her die Sterne,
15 Die kleinen, unschuldgen Kinder.

Doch böse Zungen zischelten Zwiespalt,
Und es trennte sich feindlich
Das hohe, leuchtende Ehpaar.

Jetzt am Tage, in einsamer Pracht,
20 Ergeht sich dort oben der Sonnengott,
Ob seiner Herrlichkeit
Angebetet und vielbesungen
Von stolzen, glückgehärteten Menschen.
Aber des Nachts,
25 Am Himmel, wandelt Luna,
Die arme Mutter
Mit ihren verwaisten Sternenkindern,

Und sie glänzt in stiller Wehmut,
Und liebende Mädchen und sanfte Dichter
Weihen ihr Tränen und Lieder. 30

Die weiche Luna! Weiblich gesinnt,
Liebt sie noch immer den schönen Gemahl.
Gegen Abend, zitternd und bleich,
Lauscht sie hervor aus leichtem Gewölk
Und schaut nach dem Scheidenden, schmerz- 35
lich,
Und möchte ihm ängstlich rufen: „Komm!
Komm! die Kinder verlangen nach dir –"
Aber der trotzige Sonnengott,
Bei dem Anblick der Gattin erglüht er
In doppeltem Purpur, 40
Vor Zorn und Schmerz,
Und unerbittlich eilt er hinab
In sein flutenkaltes Witwerbett.

Böse, zischelnde Zungen
Brachten also Schmerz und Verderben 45
Selbst über ewige Götter.
Und die armen Götter, oben am Himmel
Wandeln sie, qualvoll,
Trostlos unendliche Bahnen,
Und können nicht sterben 50
Und schleppen mit sich
Ihr strahlendes Elend.

Ich aber, der Mensch,
Der niedriggepflanzte, der Todbeglückte,
Ich klage nicht länger. 55

Arbeitsanregungen

1. Sonnenuntergang und Mondaufgang: Erarbeiten Sie am Text, wie das lyrische Ich jeweils das Naturschauspiel erlebt und wie dessen Wirkung sprachlich gestaltet ist.
2. Halten Sie das Bild eines Sonnenuntergangs (S. 29) für eine geeignete Illustration eines der Heine'schen Texte? Begründen Sie.
3. Bestimmen Sie die Bedeutung der Schluss-Strophe von Heines Gedicht „Sonnenuntergang".
4. Prüfen Sie die Texte Heinrich Heines im Hinblick auf mögliche Formen uneigentlichen Sprechens (S. 29). Wo findet sich beispielsweise Ironie?

Eduard Mörike
Im Frühling (1828)

Hier lieg ich auf dem Frühlingshügel:
Die Wolke wird mein Flügel,
Ein Vogel fliegt mir voraus.
Ach, sag mir, alleinzige Liebe,
5 Wo *du* bleibst, dass ich bei dir bliebe!
Doch du und die Lüfte, ihr habt kein Haus.
Der Sonnenblume gleich steht mein Gemüte offen,
Sehnend,
Sich dehnend
10 In Liebe und Hoffen.
Frühling, was bist du gewillt?
Wann werd ich gestillt?

Die Wolke seh ich wandeln und den Fluss,
Es dringt der Sonne goldner Kuss
15 Mir tief bis ins Geblüt hinein;
Die Augen, wunderbar berauschet,
Tun, als schliefen sie ein,
Nur noch das Ohr dem Ton der Biene lauschet.
Ich denke dies und denke das,
20 Ich sehne mich und weiß nicht recht, nach was:
Halb ist es Lust, halb ist es Klage;
Mein Herz, o sage,
Was webst du für Erinnerung
In golden grüner Zweige Dämmerung?
25 – Alte unnennbare Tage!

Kilian Lipp: Sonnenblumen (2005)

Heinrich Heine
Wahrhaftig (zw. 1815 und 1821)

Wenn der Frühling kommt mit dem Sonnenschein,
Dann knospen und blühen die Blümlein auf;
Wenn der Mond beginnt seinen Strahlenlauf,
Dann schwimmen die Sternlein hinterdrein;
5 Wenn der Sänger zwei süße Äuglein sieht,
Dann quellen ihm Lieder aus tiefem Gemüt; –
Doch Lieder und Sterne und Blümelein
Und Äuglein und Mondglanz und Sonnenschein,
Wie sehr das Zeug auch gefällt,
10 So machts doch noch lang keine Welt.

Arbeitsanregungen

1. Wie würden Sie das Gedicht Mörikes und insbesondere das Motiv der Sonne filmisch umsetzen? Machen Sie Vorschläge zu Perspektive, Bildauswahl, Einsatz von filmischen Mitteln wie Zoom etc. und Hintergrundmusik.
2. Vergleichen Sie Mörikes Text mit einem der Gedichte von Eichendorff, Rühmkorf, Kunert, Droste-Hülshoff oder Holz (S. 81 ff.). Welches wählen Sie? Begründen Sie Ihre Wahl.
3. Vergleichen Sie Heines Frühlingsgedicht „Wahrhaftig" mit jenem Mörikes.

Eduard Mörike
Er ist's (1829)

Frühling lässt sein blaues Band
Wieder flattern durch die Lüfte;
Süße, wohlbekannte Düfte
Streifen ahnungsvoll das Land.
5 Veilchen träumen schon,
Wollen balde kommen.
– Horch, von fern ein leiser Harfenton!
Frühling, ja du bist's!
Dich hab ich vernommen!

Eduard Mörike
Septembermorgen (1828)

Im Nebel ruhet noch die Welt,
Noch träumen Wald und Wiesen:
Bald siehst du, wenn der Schleier fällt,
Den blauen Himmel unverstellt,
5 Herbstkräftig die gedämpfte Welt
In warmem Golde fließen.

Eduard Mörike
Um Mitternacht (1828)

Gelassen stieg die Nacht ans Land,
Lehnt träumend an der Berge Wand,
Ihr Auge sieht die goldne Waage nun
Der Zeit in gleichen Schalen stille ruhn;
5   Und kecker rauschen die Quellen hervor,
   Sie singen der Mutter, der Nacht, ins Ohr
     Vom Tage,
   Vom heute gewesenen Tage.

Das uralt alte Schlummerlied,
10 Sie achtet's nicht, sie ist es müd;
Ihr klingt des Himmels Bläue süßer noch,
Der flücht'gen Stunden gleichgeschwungnes Joch.
   Doch immer behalten die Quellen das Wort,
   Es singen die Wasser im Schlafe noch fort
15   Vom Tage,
   Vom heute gewesenen Tage.

Arbeitsanregungen

1. Bei den Texten auf dieser Seite handelt es sich um drei der populärsten Gedichte von Eduard Mörike. Können Sie sich das erklären?
2. Analysieren Sie, welche rhetorischen und stilistischen Elemente sich in den Gedichten finden und welche Funktion und Wirkung diese haben.
3. Wählen Sie einen der drei Texte aus und unterlegen Sie ihn mit einer musikalischen Eigenkomposition oder einem selbstgemalten Bild. Tragen Sie das Gedicht dazu vor.
Wenn Sie diese Aufgaben handwerklich nicht bewältigen können, schreiben Sie ein Parallelgedicht.

2.2 „Still wird's!" – Natur und Mensch im Realismus

Wilhelm Bölsche
Die naturwissenschaftlichen Grundlagen der Poesie (1887)

Für den Dichter aber scheint mir in der Tatsache der Willensunfreiheit der höchste Gewinn zu liegen. Ich wage es auszusprechen: Wenn sie nicht bestände, wäre eine wahre realistische Dichtung überhaupt unmöglich. Erst indem wir uns dazu aufschwingen, im menschlichen Denken Gesetze zu ergründen, erst indem wir einsehen, dass eine menschliche Handlung, wie immer sie beschaffen sei, das restlose Ergebnis gewisser Faktoren, einer äußeren Veranlassung und einer innern Disposition, sein müsse und dass auch diese Disposition sich aus gegebenen Größen ableiten lasse – erst so können wir hoffen, jemals zu einer wahren mathematischen Durchdringung der ganzen Handlungsweise eines Menschen zu gelangen und Gestalten vor unserm Auge aufwachsen zu lassen, die logisch sind, wie die Natur.

Information   Realismus

Als literarische Epochensignatur wird „Realismus" oder, genauer, „poetischer Realismus" verstanden als die Zeit nach der Revolution von 1848, deren Ausgang die Literatur ganz wesentlich beeinflusste. Dabei ist jedoch zu bedenken, dass diese Revolution zwar einen Einschnitt darstellte, nicht aber in der Form, dass nun der Frührealismus zu einem jähen Ende gekommen wäre. Richtig ist vielmehr, dass die Autoren der Zeit vor der Revolution deren letztendliches Scheitern noch eine Zeit lang reflektierten. Überdies sind die Übergänge zwischen Frührealismus und Realismus durchaus fließend.

Wenn man etwa von „realistischer Schreibweise" spricht, so bezeichnet dies natürlich zunächst einmal ein Epochen übergreifendes Stilmerkmal. Für die Epoche des „poetischen" oder auch „bürgerlichen" Realismus kommt ein programmatisches Element hinzu. Die nun entstehende Literatur soll sich an der erfahrbaren Wirklichkeit orientieren, diese allerdings nicht eins zu eins wiedergeben, sondern in gleichsam weich gezeichneter Form. Fontane fasst dies folgendermaßen zusammen:

„Vor allen Dingen verstehen wir nicht darunter [gemeint ist: unter „Realismus", Anm. d. Verf.] das nackte Wiedergeben alltäglichen Lebens, am wenigsten seines Elends und seiner Schattenseiten. [...] Das Leben ist doch immer nur der Marmorsteinbruch, der den Stoff zu unendlichen Bildwerken in sich trägt; sie schlummern darin, aber nur dem Auge des Geweihten sichtbar und nur durch seine Hand zu erwecken."

Folglich ist die Lyrik der Epoche gekennzeichnet durch einen trotz aller poetischen Überformung eher realistischen Grundton der Ruhe und Gelassenheit, der seinen äußeren Ausdruck in einer gegenständlichen Sprache findet. Häufig gewähltes Thema speziell der Naturlyrik ist in jener Zeit der Zusammenhang von Naturerlebnis und eigener Lebenswirklichkeit, von Sein und Vergänglichkeit.

Arbeitsanregungen

1. Informieren Sie sich über die Ereignisse des Jahres 1848 und deren Folgen.
2. Suchen Sie in dem vorliegenden Heft weitere Texte von Autoren des Frührealismus und des Realismus und entwickeln Sie Vergleichskriterien zu den Gedichten dieses Teilkapitels.
3. Fassen Sie die Aussagen Bölsches in eigenen Worten zusammen und nehmen Sie Stellung dazu. Was haben sie mit dem Thema „Natur" zu tun?

Theodor Storm
Herbst (1847/48)

Schon ins Land der Pyramiden
Flohn die Störche übers Meer;
Schwalbenflug ist längst geschieden,
Auch die Lerche singt nicht mehr.

Nebel hat den Wald verschlungen,
Der dein stillstes Glück gesehn;
Ganz in Duft[1] und Dämmerungen
Will die schöne Welt vergehn.

Und es leuchten Wald und Heide,
Dass man sicher glauben mag,
Hinter allem Winterleide
Lieg' ein ferner Frühlingstag.

Der Nebel steigt, es fällt das Laub;
Schenk ein den Wein, den holden!
Wir wollen uns den grauen Tag
Vergolden, ja vergolden!

Wohl ist es Herbst; doch warte nur,
Doch warte nur ein Weilchen!
Der Frühling kommt, der Himmel lacht,
Es steht die Welt in Veilchen.

1 **Duft:** hier: Dunst, Nebel

Theodor Storm
Oktoberlied (Oktober 1848)

Und geht es draußen noch so toll,
Unchristlich oder christlich,
Ist doch die Welt, die schöne Welt,
So gänzlich unverwüstlich!

Und wimmert auch einmal das Herz –
Stoß an und lass es klingen!
Wir wissen's doch, ein rechtes Herz
Ist gar nicht umzubringen.

Seufzend in geheimer Klage
Streift der Wind das letzte Grün;
Und die süßen Sommertage
Ach, sie sind dahin, dahin!

Nur noch einmal bricht die Sonne
Unaufhaltsam durch den Duft[1],
Und ein Strahl der alten Wonne
Rieselt über Tal und Kluft.

Die blauen Tage brechen an,
Und ehe sie verfließen,
Wir wollen sie, mein wackrer Freund,
Genießen, ja genießen!

Die Sense rauscht, die Ähre fällt,
Die Tiere räumen scheu das Feld,
Der Mensch begehrt die ganze Welt.

Und sind die Blumen abgeblüht,
So brecht der Äpfel goldne Bälle;
Hin ist die Zeit der Schwärmerei,
So schätzt nun endlich das Reelle!

Arbeitsanregungen

1. Die Strophen der beiden Gedichte sind durcheinandergeraten. Versuchen Sie, die Texte wieder zu ordnen. Hinweise:
    - Die Strophe mit der Anfangszeile „Der Nebel steigt, es fällt das Laub" kommt im Originaltext zweimal vor; wo positionieren Sie sie?
    - Die Strophenfolge innerhalb der Gedichte blieb unverändert.
2. Die beiden unteren Strophen werden oft einem der Gedichte als letzte Abschnitte, zum Teil auch als erste und letzte Strophe zugeordnet. Zu welchem Gedicht würden sie besser passen? Oder hätten Sie sie an Storms Stelle ganz weggelassen? Erörtern Sie.
3. Vergleichen Sie die beiden Gedichte im Original und erarbeiten Sie Gemeinsamkeiten und Unterschiede (▶ s. Lösungshinweise, S. 93).
4. Inwieweit würden Sie Storms „Oktoberlied" als politisches Gedicht bezeichnen?

Friedrich Hebbel
Sommerbild (1844)

Ich sah des Sommers letzte Rose stehn,
sie war, als ob sie bluten könne, rot;
da sprach ich schauernd im Vorübergehn:
So weit im Leben ist zu nah am Tod!

5 Es regte sich kein Hauch am heißen Tag,
nur leise strich ein weißer Schmetterling;
doch ob auch kaum die Luft sein Flügelschlag
bewegte, sie empfand es und verging!

Friedrich Hebbel
Herbstbild (1852)

Dies ist ein Herbsttag, wie ich keinen sah!
Die Luft ist still, als atmete man kaum,
und dennoch fallen raschelnd, fern und nah,
die schönsten Früchte ab von jedem Baum.

5 O stört sie nicht, die Feier der Natur!
Dies ist die Lese, die sie selber hält;
denn heute löst sich von den Zweigen nur,
was vor dem milden Strahl der Sonne fällt.

Theodor Fontane
Im Herbst (1851)

Es fällt das Laub wie Regentropfen
So zahllos auf die Stoppelflur;
Matt pulst der Bach wie letztes Klopfen
Im Todeskampfe der Natur.

5 Still wird's! Und als den tiefen Frieden
Ein leises Wehen jetzt durchzog,
Da mocht es sein, dass abgeschieden
Die Erdenseele aufwärts flog.

Arbeitsanregungen
1. Vergleichen Sie Hebbels Gedichte mit dem Fontanes in einer textnahen Interpretation.

Arbeitsanregungen zum gesamten Kapitel B 2
1. „Realismus ist nicht, wie die wirklichen Dinge sind, sondern wie die Dinge wirklich sind" (B. Brecht). Prüfen Sie, inwieweit Ihnen dieser Satz eine Hilfe zum Verständnis der Gedichte dieses Kapitels sein kann.
2. Natur und Naturdarstellung in Romantik und Realismus – diskutieren Sie anhand ausgewählter Gedichte und Gemälde Gemeinsamkeiten und Unterschiede.
3. „Wirklichkeit" damals und in der neueren Naturlyrik – untersuchen Sie geeignete Gedichte späterer Epochen unter dem Aspekt realistischen Schreibens.

3 Naturlyrik der Jahrhundertwende

3.1 „Komm in den totgesagten park" – Symbolismus

Information — Fin de Siècle/Symbolismus (ca. 1890–1920)

Die Dichtung der Jahrhundertwende ist geprägt durch die Gleichzeitigkeit unterschiedlicher Stilrichtungen, die sich nicht trennscharf voneinander abgrenzen lassen. Symbolismus, Impressionismus, Jugendstil und Neuromantik lassen sich jedoch alle als eine Gegenbewegung zum Naturalismus verstehen, der eine größtmögliche Übereinstimmung von Wirklichkeit und Kunst anstrebt, von der wissenschaftlichen Erklärbarkeit des Menschen und der Natur ausgeht und die sozialen Verhältnisse thematisiert.

Die Symbolisten stellen dieser objektiven Erfassung der Wirklichkeit das Ich und seine subjektiven Eindrücke gegenüber. Es geht mit einem Wort Hermann Bahrs nicht um die „Wirklichkeit der Straße", sondern um die „Wirklichkeit der Seele". Den Gegenströmungen zum Naturalismus gemeinsam ist eine die empirische Wirklichkeit transzendierende poetische Konzeption, die mit der Magie der Sprache, ihrer

Stefan George

oft rätselhaften Bilderwelt und verschlüsselten Zeichenhaftigkeit eine Dichtung erschafft, die als Welt für sich erscheint. Kritiker haben dafür das Schlagwort „L'art pour l'art" geprägt – eine Kunst für die Kunst, die ohne gesellschaftliche Zweckbestimmung sich selbst genügt.

Die Literatur der Jahrhundertwende ist vielfach durch das Lebensgefühl des „Fin de siècle" beeinflusst; dieses beruht auf der Erfahrung einer sich durch Industrie und Wissenschaft täglich verändernden Welt einerseits und obsoleten, verkrusteten politisch-gesellschaftlichen Strukturen anderseits. Aus dieser Polarität resultieren Orientierungslosigkeit, Befürchtungen eines kulturellen Niedergangs und eine melancholische Endzeitstimmung: die Décadence. Der Rückzug in die Innerlichkeit und der Versuch vieler Schriftsteller, sich in der Kunst eine autonome Welt zu schaffen, gewinnen vor diesem Hintergrund neue Erklärungsmöglichkeiten.

Bedeutende Dichter dieser Zeit sind u. a. Stefan George, Hugo von Hofmannsthal und Rainer Maria Rilke.

Rainer Maria Rilke

Hugo von Hofmannsthal
Was ist die Welt? (1890)

Was ist die Welt? Ein ewiges Gedicht,
Daraus der Geist der Gottheit strahlt und glüht,
Daraus der Wein der Weisheit schäumt und sprüht,
Daraus der Laut der Liebe zu uns spricht,

5 Und jedes Menschen wechselndes Gemüt,
Ein Strahl ist's, der aus dieser Sonne bricht,
Ein Vers, der sich an tausend and're flicht,
Der unbemerkt verhallt, verlischt, verblüht.

Und doch auch eine Welt für sich allein,
10 Voll süß-geheimer, nie vernomm'ner Töne,
Begabt mit eigner, unentweihter Schöne,
Und keines andern Nachhall, Widerschein,

Und wenn du gar zu lesen drin verstündest,
Ein Buch, das du im Leben nicht ergründest.

Hugo von Hofmannsthal

Arbeitsanregungen
1. Interpretieren Sie das Gedicht. Gehen Sie so vor:
   - Markieren Sie Schlüsselbegriffe und Begriffsfelder.
   - Erstellen Sie eine Interpretationshypothese.
   - Verifizieren Sie Ihre Hypothese durch eine detaillierte Inhalts- und Formanalyse.
   - Formulieren Sie die Aussage des Gedichts.
2. Der Autor verfasste dieses Gedicht im Alter von 15 Jahren. Angenommen, Sie könnten ihm einen Brief schreiben: Was würden Sie ihm mitteilen?

Stefan George
Komm in den totgesagten park (1897)

Komm in den totgesagten park und schau:
Der schimmer ferner lächelnder gestade
Der reinen wolken unverhofftes blau
Erhellt die weiher und die bunten pfade.

5 Dort nimm das tiefe gelb, das weiche grau
Von birken und von buchs, der wind ist lau,
Die späten rosen welkten noch nicht ganz,
Erlese, küsse sie und flicht den kranz.

Vergiss auch diese letzten astern nicht,
10 Den purpur um die ranken wilder reben,
Und auch was übrig blieb von grünem leben
Verwinde leicht im herbstlichen gesicht.

Arbeitsanregungen
1. Interpretieren Sie das Gedicht. Gehen Sie dabei auf das Verhältnis des lyrischen Ichs zum „Park" ein und analysieren Sie die sprachliche Gestaltung.
2. Das Gedicht, das dem Zyklus „Das Jahr der Seele" entnommen ist, gilt als typisch für den Symbolismus. Überprüfen Sie diese Einschätzung mit Hilfe des Infoblocks ▶ Symbolismus, S. 36.
3. Finden Sie ein passendes Bild zu diesem Gedicht oder gestalten Sie selbst eines.

Stefan George
Wir blieben gern bei eurem reigen drunten (1907)

Wir blieben gern bei eurem reigen drunten
Nicht minder lieben wir das schöne tal
Der halme schaukeln und den duft der bunten
Tupfen im morgendlichen strahl.

5 Wir nähmen gern von faltern und libellen
Den samtnen staub und brächen blumen viel
Und machten draus zum murmeln glatter wellen
Ein zierlich leichtes spiel.

Doch über kahlen fels und starre büsche
10 Führt uns ein trieb hinauf zu andrem fund
An spitzigem steine und gedörntem brüsche
Wird hand und sohle wund:

Auf dass für unser fährdevolles wallen
Einmal uns lohnt des reinsten glückes kost:
15 Uns nah am abgrund azurn und kristallen
Die wunderblume sprosst.

Arbeitsanregungen
1. Das Gedicht ist räumlich in ein Unten und Oben geteilt. Untersuchen Sie die inhaltliche und sprachliche Gestaltung dieser Topografie und prüfen Sie die Möglichkeit einer symbolischen Deutung.
2. Ziel des Aufstiegs ist die „wunderblume": Notieren Sie, was Sie über die „wunderblume" erfahren, und deuten Sie sie im Kontext des Symbolismus.
3. Informieren Sie sich über die „blaue Blume" (vgl. B 1, S. 20) in der Romantik und überlegen Sie, ob sich Bezüge zur „wunderblume" herstellen lassen.

Rainer Maria Rilke
Herbsttag (1906)

Herr: Es ist Zeit. Der Sommer war sehr groß.
Leg deinen Schatten auf die Sonnenuhren,
und auf den Fluren lass die Winde los.

Befiehl den letzten Früchten voll zu sein;
5 gib ihnen noch zwei südlichere Tage,
dränge sie zur Vollendung hin und jage
die letzte Süße in den schweren Wein.

Wer jetzt kein Haus hat, baut sich keines mehr,
Wer jetzt allein ist, wird es lange bleiben,
10 wird wachen, lesen, lange Briefe schreiben
und wird in den Alleen hin und her
unruhig wandern, wenn die Blätter treiben.

Arbeitsanregungen

1. Untersuchen Sie, welche Gedanken und Gefühle den lyrischen Sprecher bewegen und wie diese sprachlich zum Ausdruck kommen. Erklären Sie in diesem Zusammenhang auch die Bedeutung Gottes.
2. Vergleichen Sie „Herbsttag" mit anderen Herbstgedichten (z. B. S. 35).

Rainer Maria Rilke
Wilder Rosenbusch (1924)

Wie steht er da vor den Verdunkelungen
des Regenabends, jung und rein;
in seinen Ranken schenkend ausgeschwungen
und doch versunken in sein Rose-sein;

5 die flachen Blüten, da und dort schon offen,
jegliche ungewollt und ungepflegt:
so, von sich selbst unendlich übertroffen
und unbeschreiblich aus sich selbst erregt,

ruft er dem Wandrer, der in abendlicher
10 Nachdenklichkeit den Weg vorüberkommt:
Oh sieh mich stehn, sieh her, was bin ich sicher
und unbeschützt und habe, was mir frommt.

Arbeitsanregungen

1. „Wilder Rosenbusch" steht in der Tradition von Rilkes Dinggedichten. Informieren Sie sich über diesen Typus und nutzen Sie dieses Wissen für die Texterschließung.
2. Markieren und erläutern Sie, was über den Rosenbusch gesagt wird und was er selbst sagt. Bündeln Sie Ihre Ergebnisse und formulieren Sie diese als Aussage des Gedichts in einem abstrahierenden Satz.
3. Zeigen Sie, wie die Textform mit dem Textinhalt korrespondiert.
4. Vergleichen Sie das Gedicht mit Blumen-Gedichten Ihrer Wahl (z. B. aus B 5.1).

Rainer Maria Rilke
Der Schwan (1905/06)

Diese Mühsal, durch noch Ungetanes
schwer und wie gebunden hinzugehen,
gleicht dem ungeschaffnen Gang des Schwanes.

Und das Sterben, dieses Nichtmehrfassen
5 jenes Grunds, auf dem wir täglich stehn,
seinem ängstlichen Sich-Niederlassen –:

in die Wasser, die ihn sanft empfangen
und die sich, wie glücklich und vergangen,
unter ihm zurückziehn, Flut um Flut;
10 während er unendlich still und sicher
immer mündiger und königlicher
und gelassener zu ziehn geruht.

Arbeitsanregungen
1. Untersuchen Sie den Aufbau des Gedichts. Zeigen Sie dabei, wie sich die Schlussstrophe zu den ersten beiden Strophen verhält.
2. Legen Sie dar, welche Gedanken mit dem Schwan verbunden werden und wie dies sprachlich zum Ausdruck kommt. Überlegen Sie dabei, welche Textintention zu erkennen ist.
3. Vergleichen Sie das Gedicht mit Tier-Gedichten Ihrer Wahl (z. B. aus B 5.3).
4. Nehmen Sie das Gemälde Caspar David Friedrichs zum Anlass für ein eigenes Gedicht.

C. D. Friedrich: Schwäne im Schilf beim ersten Morgenrot (1832)

3.2 „Der Himmel ist einsam und ungeheuer" – Expressionismus

> **Information** **Expressionismus (1910–1925)**
>
> Der Expressionismus ist weltanschaulich bestimmt durch seine kulturpessimistische Grundhaltung und die konsequente Infragestellung des rasch fortschreitenden Modernisierungsprozesses, der sich vor allem in der Industrialisierung, Technisierung und Verstädterung zeigt. Es entsteht die Forderung nach einer radikalen Selbstbesinnung von Mensch und Gesellschaft (Stadler: „Mensch, werde wesentlich!"). In die Kritik gerät der vordergründige Materialismus des Bürgertums, sympathisiert wird mit sozialrevolutionären Utopien und pazifistischen Vorstellungen.
>
> Die Themen dieser Epoche sind Großstadt und Natur, Individuum und Gesellschaft und vor allem auch Krieg und Tod. Viele Autoren des Expressionismus haben am Ersten Weltkrieg teilgenommen und sind, wie etwa Ernst Stadler und August Stramm, in ihm umgekommen. Auch Schönheit wird thematisiert, steht aber meist in einem dialektischen Verhältnis zu Verfall und Tod.
>
> Expressionismus (lat. *expressio*) bedeutet „Ausdruckskunst". Sprache und Formen (z. B. das Sonett) werden aus ihren konventionellen Kontexten herausgelöst und neu gestaltet. Der betont subjektive Sprachgestus ist vielfach appellativ, pathetisch, ekstatisch. Die dem Expressionismus eigene Metaphorik bildet Wirklichkeit nicht in naturalistischer Weise ab, sondern überformt, übersteigert, verfremdet sie, um das Wesentliche und Eigentliche sichtbar zu machen.
>
> Allegorie, Chiffre, Hyperbel, Klimax, Farbsymbolik, Lautmalerei, Neologismus, Personifikation, Synekdoche und Synästhesie sind als wesentliche gestalterische Mittel zu nennen.

Ernst Stadler
Form ist Wollust (1914)

Form und Riegel mussten erst zerspringen,
Welt durch aufgeschlossne Röhren dringen:
Form ist Wollust, Friede, himmlisches Genügen,
Doch mich reißt es, Ackerschollen umzupflügen.
5 Form will mich verschnüren und verengen,
Doch ich will mein Sein in alle Weiten drängen –
Form ist klare Härte ohn' Erbarmen,
Doch mich treibt es zu den Dumpfen, zu den Armen,
Und in grenzenlosem Michverschenken
10 Will mich Leben mit Erfüllung tränken.

Arbeitsanregungen

1. Stadlers Gedicht ist poetologisch, d. h., es trifft Aussagen zur Dichtung selbst.
   - Legen Sie dar, welche Haltung das lyrische Ich zur Form einnimmt, und erläutern Sie seine Begründung.
   - Prüfen Sie, inwieweit diese Positionierung des Autors epochentypisch ist.
2. Interpretieren Sie „Vorfrühling" (S. 42 oben). Arbeiten Sie dabei den Aufbau, die Situation des lyrischen Ichs und die sprachliche Gestaltung heraus. Prüfen Sie, ob der Autor mit dem Gedicht „Vorfrühling" seiner programmatischen Position aus „Form ist Wollust" gerecht wird.

Ernst Stadler
Vorfrühling (1914)

In dieser Märznacht trat ich spät aus meinem Haus.
Die Straßen waren aufgewühlt von Lenzgeruch und grünem Saatregen.
Winde schlugen an. Durch die verstörte Häusersenkung ging ich weit hinaus.
Bis zu dem unbedeckten Wall und spürte: Meinem Herzen schwoll ein neuer Takt entgegen.

5 In jedem Lufthauch war ein junges Werden ausgespannt.
Ich lauschte, wie die starken Wirbel mir im Blute rollten.
Schon dehnte sich bereitet Acker. In den Horizonten eingebrannt
War schon die Bläue hoher Morgenstunden, die ins Weite führen sollten.

Die Schleusen knirschten. Abenteuer brach aus allen Fernen.
10 Überm Kanal, den junge Ausfahrtswinde wellten, wuchsen helle Bahnen,
In deren Licht ich trieb. Schicksal stand wartend in umwehten Sternen,
In meinem Herzen lag ein Stürmen wie von aufgerollten Fahnen.

August Stramm
Vorfrühling (1915)

Pralle Wolken jagen sich in Pfützen
Aus frischen Leibesbrüchen schreien Halme Ströme
Die Schatten stehn erschöpft.
Auf kreischt die Luft
5 Im Kreisen, weht und heult und wälzt sich
Und Risse schlitzen jählings sich
Und narben
Am grauen Leib.
Das Schweigen tappet schwer herab
10 Und lastet!
Da rollt das Licht sich auf
Jäh gelb und springt
Und Flecken spritzen –
Verbleicht
15 Und
Pralle Wolken tummeln sich in Pfützen.

Otto Modersohn: Vorfrühling (1904)

Arbeitsanregungen

1. Interpretieren Sie das Gedicht und vergleichen Sie es mit Stadlers „Vorfrühling". Achten Sie besonders auf
   - die äußere Situation des lyrischen Ichs bzw. des Sprechers (berücksichtigen Sie dabei auch den historischen Kontext der Gedichte; beide Autoren fielen als Soldaten im Ersten Weltkrieg),
   - sein inneres Befinden: Ängste, Hoffnungen, Stimmungen,
   - das Verhältnis von Natur und Mensch,
   - die sprachliche und formale Gestaltung,
   - die Bedeutung des Titels.
2. Kann Modersohns Bild eines der Gedichte illustrieren? Begründen Sie.

Georg Heym
Printemps (1911)

Ein Feldweg, der in weißen Blüten träumt,
In Kirschenblüten, zieht fern über Feld.
Die hellen Zweige, feierlich erhellt
Zittern im Abend, wo die Wolke säumt,

5 Ein düstrer Berg, den Tag mit goldnem Grat,
Ganz hinten, wo ein kleiner Kirchturm blinkt.
Des Glöckchen sanft im lichten Winde klingt
Herüber goldnen Tons auf grüner Saat.

Ein Ackerer geht groß am Himmelsrand.
10 Davor, wie Riesen schwarz, der Stiere Paar,
Ein Dämon vor des Himmels tiefer Glut

Und eine Mühle fasst der Sonne Haar
Und wirbelt ihren Kopf von Hand zu Hand
Auf schwarze Au, der langsam sinkt, voll Blut.

Georg Heym
Der Winter (1910)

Der blaue Schnee liegt auf dem ebenen Land,
das Winter dehnt. Und die Wegweiser zeigen
einander mit der ausgestreckten Hand
der Horizonte violettes Schweigen.

5 Hier treffen sich auf ihrem Weg ins Leere
vier Straßen an. Die niedren Bäume stehen
wie Bettler kahl. Das Rot der Vogelbeere
glänzt wie ihr Auge trübe. Die Chausseen

Verweilen kurz und sprechen aus den Ästen.
10 Dann ziehn sie weiter in die Einsamkeit
gen Nord und Süden und nach Ost und Westen,
wo bleich der niedere Tag der Winterzeit.

Ein hoher Korb mit rissigem Geflecht
blieb von der Ernte noch im Ackerfeld.
15 Weißbärtig, ein Soldat, der nach Gefecht
und heißem Tag der Toten Wache hält.

Der Schnee wird bleicher, und der Tag vergeht.
Der Sonne Atem dampft am Firmament,
davon das Eis, das in den Lachen steht,
20 hinab die Straße rot wie Feuer brennt.

Arbeitsanregungen

1. Interpretieren und vergleichen Sie die zwei Jahreszeitengedichte Heyms. Arbeiten Sie inhaltliche und formale Gemeinsamkeiten und Unterschiede heraus. Berücksichtigen Sie vor allem auch die mit dem Naturerlebnis verbundene innere Befindlichkeit des lyrischen Sprechers.
2. „Printemps" erfüllt die Lesererwartung an traditionelle Frühlingsgedichte kaum. Vergleichen Sie Heyms Gedicht mit anderen Frühlingsgedichten in diesem Band (z. B. auf S. 3, 10, 31 f.) und erklären Sie sie kurz vor dem jeweiligen Zeithintergrund.

Georg Trakl
Der Herbst des Einsamen (1913)

Der dunkle Herbst kehrt ein voll Frucht und Fülle,
vergilbter Glanz von schönen Sommertagen.
Ein reines Blau tritt aus verfallener Hülle;
der Flug der Vögel tönt von alten Sagen.
5 Gekeltert ist der Wein, die milde Stille
erfüllt von leiser Antwort dunkler Fragen.

Und hier und dort ein Kreuz auf ödem Hügel;
im roten Wald verliert sich eine Herde.
Die Wolke wandert übern Weiherspiegel;
10 es ruht des Landmanns ruhige Gebärde.
Sehr leise rührt des Abends blauer Flügel
ein Dach von dürrem Stroh, die schwarze Erde.

Bald nisten Sterne in des Müden Brauen;
in kühle Stuben kehrt ein still Bescheiden
15 und Engel treten leise aus den blauen
Augen der Liebenden, die sanfter leiden.
Es rauscht das Rohr; anfällt ein knöchern Grauen,
wenn schwarz der Tau tropft von den kahlen Weiden.

Georg Trakl
Im Winter (1913)

Der Acker leuchtet weiß und kalt.
Der Himmel ist einsam und ungeheuer.
Dohlen kreisen über dem Weiher
und Jäger steigen nieder vom Wald.

5 Ein Schweigen in schwarzen Wipfeln wohnt.
Ein Feuerschein huscht aus den Hütten.
Bisweilen schellt sehr fern ein Schlitten
und langsam steigt der graue Mond.

Ein Wild verblutet sanft am Rain
10 und Raben plätschern in blutigen Gossen.
Das Rohr bebt gelb und aufgeschossen.
Frost, Rauch, ein Schritt im leeren Hain.

Arbeitsanregungen

1. Untersuchen Sie die inhaltliche und sprachlich-formale Gestaltung der jahreszeitlichen Motive. Orientieren Sie sich dabei an folgenden Fragen:
   - Wie erlebt der lyrische Sprecher die Natur?
   - Was lässt sich über das Verhältnis Mensch–Natur aussagen?
   - Welche Grundstimmung hat das Gedicht und wie wird sie erzeugt?
2. Prüfen Sie, inwieweit die Gedichte als epochentypisch gelten können.
3. Vergleichen Sie „Der Herbst des Einsamen" mit Rilkes „Herbsttag" (vgl. S. 39) sowie „Im Winter" mit Heyms „Der Winter" (vgl. S. 43). Arbeiten Sie grundsätzliche Gemeinsamkeiten und Unterschiede heraus.

Jakob van Hoddis
Morgens (1914)

Ein starker Wind sprang empor.
Öffnet des eisernen Himmels blutende Tore.
Schlägt an die Türme.
Hellklingend laut geschmeidig über die eherne Ebene der Stadt.
5 Die Morgensonne rußig. Auf Dämmen donnern Züge.
Durch Wolken pflügen goldne Engelpflüge.
Starker Wind über der bleichen Stadt.
Dampfer und Kräne erwachen am schmutzig fließenden Strom.
Verdrossen klopfen die Glocken am verwitterten Dom.
10 Viele Weiber siehst du und Mädchen zur Arbeit gehn.
Im bleichen Licht. Wild von der Nacht. Ihre Röcke wehn.
Glieder zur Liebe geschaffen.
Hin zur Maschine und mürrischem Mühn.
Sieh in das zärtliche Licht.
15 In der Bäume zärtliches Grün.
Horch! Die Spatzen schrein.
Und draußen auf wilderen Feldern
Singen Lerchen.

Georg Heym
Der Abend (1911)

Versunken ist der Tag in Purpurrot,
Der Strom schwimmt weiß in ungeheurer Glätte.
Ein Segel kommt. Es hebt sich aus dem Boot
Am Steuer groß des Schiffers Silhouette.

5 Auf allen Inseln steigt des Herbstes Wald
Mit roten Häuptern in den Raum, den klaren.
Und aus den Schluchten dunkler Tiefe hallt
Der Waldung Ton, wie Rauschen der Kitharen[1].

Das Dunkel ist im Osten ausgegossen,
10 Wie blauer Wein kommt aus gestürzter Urne.
Und ferne steht, vom Mantel schwarz umflossen,
Die hohe Nacht auf schattigem Kothurne[2].

1 **Kitharen:** altgriechisches Zupfinstrument
2 **Kothurne:** hoher Bühnenschuh der Antike

Arbeitsanregungen

1. Interpretieren Sie das Gedicht „Morgens". Gehen Sie so vor:
   - Analysieren Sie den Aufbau, die Syntax, die Versform, die Wortwahl und die Bildlichkeit. Formulieren Sie eine Textaussage.
   - Prüfen Sie, inwieweit „Morgens" zur Naturlyrik gezählt werden kann.
2. Interpretieren Sie das Gedicht „Der Abend". Beachten Sie dabei die Gestaltung des Raums, die Bildlichkeit und die Farbgebung und erläutern Sie, mit welchen Mitteln welche Stimmung erzeugt wird.
3. Vergleichen Sie die beiden expressionistischen Tageszeitengedichte.

4 „Die Erde will ein freies Geleit" – Von der Weimarer Republik bis zur Gegenwart

Nach den literarischen Epochen des Expressionismus und des Surrealismus ist es nahezu unmöglich, weitere Epochenzuordnungen anzustellen und die Literatur entsprechend einzuteilen. Deshalb werden in diesem Kapitel nur zwei Teilkapitel aufgeführt: eines, das Gedichte im Umfeld des Nationalsozialismus präsentiert, und ein zweites, das Naturlyrik seit ungefähr 1950 vorstellt. Jede „genauere" Einteilung – eventuell nach geschichtlichen Zäsuren wie der „Wende" 1989 – würde in der Entwicklung der Naturlyrik eine Veränderung suggerieren, die in dieser Form nicht stattgefunden hat. Deshalb werden in diesem zweiten Teilkapitel die Gedichte auch weitgehend chronologisch aufgeführt – sofern nicht eine inhaltliche oder thematische Vergleichbarkeit im Zentrum steht.

4.1 „Sah in Gorgos Auge eisenharten Glanz" – Naturlyrik im Umfeld des Nationalsozialismus

Johannes R. Becher
Oberbayrische Hochebene (1938)

Kornfelder; und ganz hinten an dem Rand
Ziehn Pappeln hin, dort, wo die Straße schleift
Die Ebene aufwärts. Aus dem Walde greift
Ein Mast heraus. Draht schwingt ins Land.

5 Dies alles menschenleer und unnahbar.
Die Wolken, drin die Berge sich verstecken:
Schon donnernd. Kläglich läutet die Gefahr
Ein Kirchlein an. Die Pappelreihen schrecken

Im Windstoß auf, schräg hingestreift vom schweren
10 Gewölk. Die Straße wird gehoben
In Säulen Staub. Und plötzlich Stille wieder.

Dann rauscht's im Raum. Wie weggewischt die Ähren.
Die Blitze hängen schon in Bündeln oben.
Der Mohn winkt noch. Da schlägt der Hagel nieder.

Erich Heckel: Gewitterlandschaft (1913)

Bertolt Brecht
Frühling 1938

I
Heute, Ostersonntag früh
Ging ein plötzlicher Schneesturm über die Insel.
Zwischen den grünenden Hecken lag Schnee. Mein junger Sohn
Holte mich zu einem Aprikosenbäumchen an der Hausmauer
5 Von einem Vers weg, in dem ich auf diejenigen mit dem Finger deutete
Die einen Krieg vorbereiteten, der
Den Kontinent, diese Insel, mein Volk, meine Familie und mich
Vertilgen mag. Schweigend
Legten wir einen Sack
10 Über den frierenden Baum.

II

Über dem Sund hängt Regengewölke, aber den Garten
Vergoldet noch die Sonne. Die Birnbäume
Haben grüne Blätter und noch keine Blüten, die Kirschbäume hingegen
Blüten und noch keine Blätter. Die weißen Dolden
15 Scheinen aus dürren Ästen zu sprießen.
Über das gekräuselte Sundwasser
Läuft ein kleines Boot mit geflicktem Segel.
In das Gezwitscher der Stare
Mischt sich der ferne Donner
20 Der manövrierenden Schiffsgeschütze
Des Dritten Reiches.

III

In den Weiden am Sund
Ruft in diesen Frühjahrsnächten oft das Käuzlein.
Nach dem Aberglauben der Bauern
25 Setzt das Käuzlein die Menschen davon in Kenntnis
Daß sie nicht lang leben. Mich
Der ich weiß, daß ich die Wahrheit gesagt habe
Über die Herrschenden, braucht der Totenvogel davon
Nicht erst in Kenntnis zu setzen.   R

Bertolt Brecht
Böser Morgen (1953)

Die Silberpappel, eine ortsbekannte Schönheit
Heut eine alte Vettel. Der See
Eine Lache Abwaschwasser, nicht rühren!
Die Fuchsien unter dem Löwenmaul billig und eitel.
5 Warum?
Heut nacht im Traum sah ich Finger, auf mich deutend
Wie auf einen Aussätzigen. Sie waren zerarbeitet und
Sie waren gebrochen.

Unwissende! schrie ich
10 Schuldbewußt.   R

Arbeitsanregungen

1. Zeigen Sie an Bechers Gedicht und an Brechts „Frühling 1938", wie Naturlyrik und politische Situation zusammenhängen.
2. Analysieren Sie die einzelnen Motive der beiden Gedichte.
3. Welche Entwicklung hat sich zwischen der Entstehung der beiden Gedichte Brechts vollzogen? Beachten Sie dazu den Infoblock ▶ Die Natur wird politisch, S. 48.
4. Erklären Sie den Titel „Böser Morgen".

> **Information** **Die Natur wird politisch – Brecht und die Folgen**
>
> Im achtzehnten und neunzehnten Jahrhundert wurden Mensch und Natur als eng verbunden betrachtet, mitunter sogar als untrennbare Einheit. Dies geht bis hin zu einer pantheistischen Weltsicht, in der Gott sich durch die schöpferische wie auch die geschaffene Natur entäußert.
>
> Brecht hingegen versteht Natur nicht mehr ganzheitlich, nicht als Idylle, als Schutz bietenden Zufluchtsort oder gar als religiöse Instanz, sondern setzt seine Naturdarstellung in eine enge Beziehung zu den politischen und gesellschaftlichen Verhältnissen, die ihn umgeben. Deshalb sind seine Gedichte auch zum großen Teil in einer nüchtern scheinenden Prosa verfasst und meist – wenn überhaupt – in unregelmäßige Strophen eingeteilt.
>
>
> *Bertolt Brecht*
>
> Im Nachtrag zu seinem Aufsatz „Über reimlose Lyrik mit unregelmäßigen Rhythmen" (1938) heißt es dazu:
>
> *Sehr regelmäßige Rhythmen hatten auf mich immer eine mir unangenehme einlullende, einschläfernde Wirkung, [...] man verfiel in eine Art Trance, von der man sich vorstellen konnte, daß sie einmal hatte erregend wirken können; jetzt tat sie das nicht mehr. Außerdem war die Sprechweise des Alltags in so glatten Rhythmen nicht unterzubringen, es sei denn ironisch. [...] In der mir unangenehmen Traumstimmung, die durch regelmäßige Rhythmen erzeugt wurde, spielte das Gedankliche eine eigentümliche Rolle: es bildeten sich eher Assoziationen als eigentliche Gedanken; das Gedankliche schwamm so auf Wogen einher, man mußte sich immer erst einer alles nivellierenden, verwischenden, einordnenden Stimmung entreißen, wenn man denken wollte. Bei unregelmäßigen Rhythmen bekamen die Gedanken eher die ihnen entsprechenden eigenen emotionellen Formen.*
>
> So treten bei Brecht auch rein sprachlich Mensch und Natur in eine komplementäre Beziehung. Es geht ihm (noch) nicht um die Umweltzerstörung – das war zu seinen Lebzeiten noch kein Thema –, sondern um den Menschen und dessen Lebensraum, und zwar genau in dem Sinne, wie Erich Fried dies in seinem Gedicht „Der Baum vor meinem Fenster" von 1973 (s. S. 50) zeigt: Es gilt, dem Menschen unabhängig von seinem sozialen Stand ein lebenswertes Leben zu schaffen bzw. zu erhalten, und dafür wird eine intakte Natur als Voraussetzung begriffen. Natur- und Umweltschutz werden zu einem Ziel um des Menschen willen. Dies kommt auch in Brechts Gedicht „Böser Morgen" zum Ausdruck: Nicht die Natur hat sich über Nacht auf Grund des Traums verändert, sondern die Einstellung des lyrischen Ichs zu ihr: Die „zerarbeitet[en]" und „gebrochen[en]" Finger scheinen sagen zu wollen, dass es Wichtigeres gebe als die Schönheiten der Natur. Für das lyrische Ich, das sich angegriffen fühlt und „schuldbewusst" schreit, um sich zu rechtfertigen, gehört beides zusammen: der Schutz der Umwelt und das Wohlergehen der Menschen.
>
> Dadurch, dass Brecht die Natur anders interpretiert und sprachlich anders darstellt, als dies bis dahin weitgehend der Fall war, verfremdet er sie gewissermaßen zu einem politischen Faktor. Er zeigt anhand der Natur die Bedrohung des Menschen durch den Nationalsozialismus und später durch den beginnenden Kapitalismus.

Arbeitsanregungen

1. Informieren Sie sich über die Bedeutung des Begriffs „Verfremdung" und seine politischen wie auch poetischen Implikationen bei Bert Brecht.
2. Zeigen Sie an anderen Gedichten Brechts, wie auch hier „verfremdet" wird.

Im Jahr 1938 schrieb Bertolt Brecht im Exil das Gedicht „An die Nachgeborenen", in dem sich folgende Verse finden: „Was sind das für Zeiten, wo / Ein Gespräch über Bäume fast ein Verbrechen ist / Weil es ein Schweigen über so viele Untaten einschließt!" Diese drei Verse wurden berühmt und viel diskutiert. Auch zahlreiche Dichterkollegen Brechts griffen sie auf:

Paul Celan
Ohne Titel (1971)

Ein Blatt, baumlos
für Bertolt Brecht:

Was sind das für Zeiten,
wo ein Gespräch
5 beinah ein Verbrechen ist,
weil es so viel Gesagtes
mit einschließt?

Walter Helmut Fritz
Bäume (1976)

Wieder hat man in der Stadt,
um Parkplätze zu schaffen,
Platanen gefällt.
Sie wussten viel.
5 Wenn wir in ihrer Nähe waren,
begrüßten wir sie als Freunde.
Inzwischen ist es fast
zu einem Verbrechen geworden,
nicht über Bäume zu sprechen,
10 ihre Wurzeln,
den Wind, die Vögel,
die sich in ihnen niederlassen,
den Frieden,
an den sie uns erinnern.

Michael Krüger
Das Verbrechen (1979)
Lehrgedicht zu Brechts 80. Geburtstag

Wir müssen den Fall
der Blätter beschleunigen
Wir riskieren es
Wir müssen den Baum fällen
5 so schnell wie möglich
Wir riskieren es

Wolfgang Scholz
Ohne Titel (1973)

Ein Gespräch
über
Bäume zur Zeit
des armen B. B.
5 schloss
Schweigen
über viele
Untaten ein.

Heute brauchst du
10 oft nur
stumm
auf einen Baum
zu zeigen.
Der Hinweis
15 redet
von verdorrtem Leben.

Es sollte Bürgern
möglich sein
zwischen
20 verdorrten Bäumen
und
Untaten
einen Zusammenhang
herzustellen.

25 Diese Menschen
lieben
den Umweg
über den Baumschutzverein
den Menschen
30 zu schützen.

Wir brauchen die Erde
darunter dringend
Wir sehen es ein
10 Wer zögert bedenke:
Die erhabene Natur allein
wird sich dieses Falles erinnern
Wir riskieren den Fall

Erich Fried
Der Baum vor meinem Fenster (1973)

Den Baum da

wollt ihr mir also auch wegnehmen?
„Lass dich nicht ablenken" sagt ihr
„durch seinen grünlichen Schein
5   auch wenn du ihn liebst
von dem was draußen geschieht!"

Danke
ich weiß was geschieht
und kämpfe dagegen
10 und ich habe die Zeilen von dem Gespräch über Bäume
das fast ein Verbrechen ist
auch schon selbst zehnmal zitiert

Aber Brecht der das schrieb
hat Bäume geliebt und etwas
15 von Bäumen verstanden
und ihr versteht einen Dreck
und beruft euch auf die Revolution
der ihr nur schadet
mit solchem Stumpfsinn. Als wäre es nicht genug
20 dass die Herrschenden uns mehr Arbeitszeit nehmen als nottut.
Dazu kommt noch die Zeit für den Kampf gegen sie der sein muss
und doch unser Leben auffrisst – damit vielleicht unsere Enkel
sich nicht mehr plagen müssen mit Streit und immer den gleichen
Worten und Schreibarbeiten und Kampfliedern und so fort.

25 Gewiss, damit unsere Enkel es besser haben
und damit überhaupt eine Welt da ist für Enkel –
nicht nur für unsere – und für Tiere und Gras und Bäume
müssen wir heute unsere Zeit daran wenden.
Aber wenn ihr dann noch kommt und mir einreden wollt
30 dass der Baum vor dem Fenster mich ablenkt
dann muss ich euch sagen
nicht nur als meine Privatmeinung sondern auch
um unserer gemeinsamen Ziele willen
ganz konkret von Genossen zu Genossen
35 als ernste politische Forderung:
„Leckt mich am Arsch!"

Arbeitsanregungen

1. Fassen Sie die mögliche Aussageabsicht der fünf Dichter in je einem Satz zusammen, den Sie mit einer passenden Redeeinleitung versehen (zum Beispiel „schlägt vor / beklagt / fordert / wendet sich gegen" usw.).
2. Stellen Sie am Text dar, wie das Zitat Brechts in den Gedichten verwendet wird und an wen sich die Gedichte wohl vornehmlich richten.
3. „Der Baum bei Brecht und in den siebziger Jahren" – Verfassen Sie auf der Basis der vorgegebenen und evtl. weiterer Texte (zum Beispiel Laschen, „Naturgedicht 7", S. 7) einen Essay zu dem Thema.

Die folgenden Gedichte sind über das Motiv des Schmetterlings miteinander verbunden. Gerade im Umfeld von Kriegen steht der Schmetterling für ein friedliches, schönes Wesen. Das griechische Wort „psyche" bedeutet übersetzt sowohl „Schmetterling" als auch „Seele", was dazu führte, dass das Tier oft zum Sinnbild für die menschliche Seele oder das Leben schlechthin wurde. Schönheit, Reinheit, filigrane Vergänglichkeit und eine Entwicklung über verschiedene Stadien werden vom Schmetterling verkörpert.

Georg Britting
Früher Falter (15.4.1940)

Durch die blätterlosen Zweige
Taumelt her ein Schmetterling –
Wie vom leichten Wind getrieben,
Nicht von seiner Flügel Kraft,
5   Wehts ihn übern Rasen hin!

Doch er hat die Kraft der zarten
Glieder, denn als jetzt ein
Sperling – oder ists die Meise? –
Nach ihm hascht,
10 Wirbelt er so auf und nieder,
Immer wieder,
Dass der plumpe
Räuber stets danebenstößt.

Dreimal, viermal, und dann lässt ers:
15 Anderswo ist auch noch Beute!
Dann sitzt, der die dunklen Hüllen
Früher sprengte als die Brüder,
Als die späten Sommerleute,
Unbeweglich
20 Auf der nackten Buchenrinde
Wie ein gelber Sonnenfleck.

Nelly Sachs
Schmetterling (1944–46)

Welch schönes Jenseits
ist in deinen Staub gemalt.
Durch den Flammenkern der Erde,
durch ihre steinerne Schale
5   wurdest du gereicht,
Abschiedswebe in der Vergänglichkeiten Maß.

Schmetterling
aller Wesen gute Nacht!
Die Gewichte von Leben und Tod
10 senken sich mit deinen Flügeln
auf die Rose nieder
die mit dem heimwärts reifenden Licht welkt.

Welch schönes Jenseits
ist in deinen Staub gemalt.
15 Welch Königszeichen
im Geheimnis der Luft.

Joseph Weinheber
An einen Schmetterling (vor 1945)

Du, leicht und schön, aus Gottes Traum geboren,
du Bote einer tiefersehnten Welt.
Du Sieger, der die Liebe unverloren
und sanft im Segel seiner Schwingen hält.

5   Die Blumen lieben dich. Und wenn ich träume,
so träum ich deinen selbstvergessnen Flug.
Wie du mir wiederkommst durch helle Bäume,
versöhnst du mit der Erde Last und Trug.

Dein goldner Schmelz erschrickt vor meiner Schwere.
10 Du flügelst auf, mir lahmt der wüste Schritt.
Doch hoch und höher jetzt, in seliger Kehre,
nimmst du den Schmerz auf deinen Schwingen mit.

B Natur und Mensch in der Lyrik

Arbeitsanregungen

1. Vergleichen und beschreiben Sie den Stil der Gedichte.
2. Was wird jeweils über den Sprecher bzw. über das lyrische Ich deutlich?
3. Wie wird der Schmetterling dargestellt und welche Beziehung besteht zwischen dem Sprecher / dem lyrischen Ich und dem Tier?
4. Lesen Sie die Ausführungen Enzensbergers zum Gedicht von Nelly Sachs. Geben Sie sie in eigenen Worten wieder und entwerfen Sie erste Deutungshypothesen. Überprüfen Sie diese genau am Text.
5. Wählen Sie einen der abgebildeten Schmetterlinge aus. Suchen Sie passende Adjektive und Verben und beschreiben Sie ihn in einem Gedicht.

Information   **H. M. Enzensberger: Hinweise zur Interpretation des Gedichts von Nelly Sachs**

Bei Nelly Sachs [...] kommt Interpretation leicht zu früh. Das Werk fordert vom Leser weniger Scharfsinn als Bescheidenheit; es will nicht dingfest gemacht, nicht übersetzt sein, sondern geduldig und genau erfahren werden. Nicht, was es bedeutet, wäre also hier zu sagen; wir können uns allenfalls Hinweise, Vorschläge erlauben, um die Lektüre auf den Weg – auf einen möglichen Weg – zu bringen. [...]

Das Buch Nelly Sachs' entfaltet sich, allmählich, mit seiner Sprache. Nichts in ihm steht vereinzelt; von Gedicht zu Gedicht sagt sich das konkrete Detail weiter bis zum kosmischen Zusammenhang. Eins der Bilder, die das ganze Buch hindurch variiert und entfaltet werden, spricht diesen Vorgang selber aus: das Bild des Schmetterlings. [...]

Diesem Gesetz der Verwandlung unterliegen so wie die Erscheinungen auch die Worte und Bilder des Buches Nelly Sachs'. Einem der vollkommensten unter seinen Gedichten wird der „Schmetterling" Thema und Titel zugleich. [...]

Das Bild des Falters und die Idee der Schöpfung als Zeichen und Inschrift verbinden sich hier mit einem andern Grundwort, das von seinen Anfängen her das ganze Werk durchzieht, dem Wort „Staub".   **R**

Das folgende Gedicht entstand, kurz nachdem Langgässers Tochter aus dem Konzentrationslager Auschwitz befreit und in ein schwedisches Sanatorium gebracht wurde.

Elisabeth Langgässer
Frühling 1946

Holde Anemone,
bist du wieder da
und erscheinst mit heller Krone
mir Geschundenem zum Lohne
5   wie Nausikaa?

Windbewegtes Bücken,
Woge, Schaum und Licht!
Ach; welch sphärisches Entzücken
nahm dem staubgebeugten Rücken
10 endlich sein Gewicht?

Aus dem Reich der Kröte
steige ich empor,
unterm Lid noch Plutons Röte
und des Totenführers Flöte
15 grässlich noch im Ohr.

Sah in Gorgos Auge
eisenharten Glanz,
ausgeprühte Lügenlauge
hört' ich flüstern, dass sie tauge
20 mich zu töten ganz.

Anemone! Küssen
lass mich dein Gesicht:
Ungespiegelt von den Flüssen
Styx und Lethe, ohne Wissen
25 um das Nein und Nicht.

Ohne zu verführen,
lebst und bist du da,
still mein Herz zu rühren,
ohne es zu schüren –
30 Kind Nausikaa!

Anemone: (Busch-)Windröschen, eine der ersten Frühlingsblumen, blüht im März/April

Nausikaa: griech. Mythologie: N. rettet den zu Tode erschöpften Odysseus; Tochter des Phaiakenkönigs Alkinoos.

Kröte: Bergbaustollen an der Weser, der den Nationalsozialisten als sog. „Untertage-Verlagerung" diente und den Decknamen „Kröte" bekam.

Pluton: griech.-röm. Mythologie: Gott der Totenwelt; entspricht weitgehend Hades

Gorgo: griech. Mythologie: geflügelte Schreckgestalt mit Schlangenhaaren; wer sie anblickt, erstarrt zu Stein. Meist ist nur von der bekanntesten, Medusa, die Rede; insgesamt gibt es aber drei Gorgonen.

Styx: griech. Mythologie: Fluss der Unterwelt; Grenzfluss zum Totenreich, in das die Seele der Toten vom Fährmann Charon gebracht werden (s. auch S. 83: Obulus)

Lethe: griech. Mythologie: Fluss des Vergessens; wer aus ihm trinkt, verliert alle Erinnerungen

Arbeitsanregungen
1. Formulieren Sie Fragen an das Gedicht und klären Sie diese im Gespräch.
2. Wo finden sich Hinweise auf die Bedrohung durch die Nationalsozialisten?
3. Untersuchen Sie die Struktur des Gedichts und erläutern Sie die Funktion der Bezüge zur Mythologie.
4. Legen Sie dar, welche Bedeutung die biografischen Bezüge für die Interpretation des Gedichts haben.
5. Kann man bei diesem Gedicht noch von einem „Naturgedicht" sprechen?

Günter Eich
Winterliche Miniatur (1947)

Übers Dezembergrün der Hügel
eine Pappel sich streckt wie ein Monument.
Krähen schreiben mit trägem Flügel
eine Schrift in den Himmel, die keiner kennt.

5 In der feuchten Luft gibt es Laute und
                              Zeichen:
die Hochspannung klirrt wie Grillengezirp,
die Pilze am Waldrand zu Gallert erbleichen,
ein Drosselnest im Strauchwerk verdirbt,

der Acker liegt in geschwungenen Zeilen,
10 das Eis auf den Pfützen zeigt blitzend den Riss.
Wolken, schwanger von Schnee, verweilen
überm Alphabete der Bitternis.

Heinz Piontek
Krähen (1975)

Sie streifen mit gierigen Flügeln
Schneezaun und Dämmernis.
In meinen Winterträumen
verschwebt ihr Schattenriss.

5 Ich denke durch ihre Schreie
den Gram der verödeten Welt,
wenn aus dem Frostgewölbe
mich ihre Not befällt.

Ach die bestäubte Schwinge,
10 sie rührt an mein klirrendes Herz.
Atemlos und beklommen
horche ich himmelwärts.

Stürzt sich die Vogelwolke
auch in den Hügelspalt,
15 sucht mich ihr schwarzes Bedrängen
heim in andrer Gestalt.

Wolfgang Borchert
Am Fenster eines Wirtshauses beim Steinhuder Meer
(Auf dem Nachhausewege 1945)

Die Apfelblüten tun sich langsam zu
beim Abendvers der süßen Vogelkehle.
Die Frösche sammeln sich am Fuß des Stegs.
Die Biene summt den Tag zur Ruh –
nur meine Seele 5
ist noch unterwegs.

Die Straße sehnt sich nach der nahen Stadt,
Wo in der Nacht das Leben weiterglimmt,
weil hier noch Herzen schlagen.
Wer jetzt noch kein Zuhause hat, 10
wenn ihn die Nacht gefangen nimmt,
der muss noch lange fragen:

Warum die Blumen leidlos sind –
warum die Vögel niemals weinen –
und ob der Mond wohl auch so müde ist – 15

Und dann erbarmt sich leis ein Wind des
                                einen,
bis er – im Schlaf – die Welt vergisst.

Arbeitsanregungen

1. Beschreiben Sie die Grundstimmung der drei Gedichte. Welche Gemeinsamkeiten und Unterschiede erkennen Sie?
2. Stellen Sie jeweils Bezüge zur Entstehungszeit her.
3. Entwickeln Sie Deutungshypothesen zu den lyrischen Bildern in den Gedichten.

4.2 „Die Hoffnung kauert erblindet im Licht" – Naturlyrik seit den fünfziger Jahren des 20. Jahrhunderts

Ingeborg Bachmann
Früher Mittag (1952)

Still grünt die Linde im eröffneten Sommer,
weit aus den Städten gerückt, flirrt
der mattglänzende Tagmond. Schon ist Mittag,
schon regt sich im Brunnen der Strahl,
5 schon hebt sich unter den Scherben
des Märchenvogels geschundener Flügel,
und die vom Steinwurf entstellte Hand
sinkt ins erwachende Korn.

Wo Deutschlands Himmel die Erde schwärzt,
10 sucht sein enthaupteter Engel ein Grab für den Hass
und reicht dir die Schüssel des Herzens.

Eine Handvoll Schmerz verliert sich über den Hügel.

Sieben Jahre später
fällt es dir wieder ein,
15 am Brunnen vor dem Tore[1],
blick nicht zu tief hinein,
die Augen gehen dir über[3].

Sieben Jahre später,
in einem Totenhaus[2],
20 trinken die Henker von gestern
den goldenen Becher aus[3].
Die Augen täten dir sinken[3].

Schon ist Mittag, in der Asche
krümmt sich das Eisen, auf den Dorn
25 ist die Fahne gehisst, und auf den Felsen
uralten Traums bleibt fortan
der Adler geschmiedet[4].

Nur die Hoffnung kauert erblindet im Licht.

Lös ihr die Fessel, führ sie
30 die Halde herab, leg ihr
die Hand auf das Aug, dass sie
kein Schatten versengt!

Wo Deutschlands Erde den Himmel schwärzt,
sucht die Wolke nach Worten und füllt den Krater mit Schweigen,
35 eh sie der Sommer im schütteren Regen vernimmt.

Das Unsägliche geht, leise gesagt, übers Land:
Schon ist Mittag.

Arbeitsanregungen

1. Notieren Sie Ihre ersten Gefühle und Eindrücke: Was fällt Ihnen besonders auf?
2. Was erfährt man über den Sprecher im Gedicht und wer wird angesprochen?
3. Analysieren Sie den Aufbau des Gedichts.
4. Wie wird die Haltung der Zeitgenossen zum Nationalsozialismus dargestellt? Zeigen Sie, durch welche Stilmittel und Redeformen (zum Beispiel Personifikation, Parallelismus etc.) diese Haltung untermauert wird.
5. Welche Funktion nimmt die Natur im Gedicht ein?

---

[1] vgl. Wilhelm Müller, „Der Lindenbaum" und die Vertonung des Gedichts durch Schubert und Silcher
[2] vgl. Dostojewski, „Aufzeichnungen aus einem Totenhaus" (1860): Szenen aus dem Leben in einem sibirischen Gefängnislager
[3] vgl. J. W. Goethe, „Der König in Thule"
[4] vgl. Umdeutung der Sage des Prometheus; Adler als deutsches Wappentier

Ingeborg Bachmann
Die große Fracht (1953)

Die große Fracht des Sommers ist verladen,
das Sonnenschiff im Hafen liegt bereit,
wenn hinter dir die Möwe stürzt und schreit.
Die große Fracht des Sommers ist verladen.

5 Das Sonnenschiff im Hafen liegt bereit,
und auf die Lippen der Galionsfiguren[1]
tritt unverhüllt das Lächeln der Lemuren[2].
Das Sonnenschiff im Hafen liegt bereit.

Wenn hinter dir die Möwe stürzt und schreit,
10 kommt aus dem Westen der Befehl zu sinken;
doch offnen Augs wirst du im Licht ertrinken,
wenn hinter dir die Möwe stürzt und schreit.

1 **Galionsfigur:** eine auf Segelschiffen unter dem Bugspriet angebrachte Holzfigur (s. unten: Segelschulschiff „Gorch Fock")

2 **Lemuren:** hier: Geister von Verstorbenen, Halbtote

Ingeborg Bachmann
Freies Geleit (1964)

Mit schlaftrunkenen Vögeln
und winddurchschossenen Bäumen
steht der Tag auf, und das Meer
leert einen schäumenden Becher auf ihn.

5 Die Flüsse wallen ans große Wasser,
und das Land legt Liebesversprechen
der reinen Luft in den Mund
mit frischen Blumen.

Die Erde will keinen Rauchpilz tragen,
10 kein Geschöpf ausspeien vorm Himmel,
mit Regen und Zornesblitzen abschaffen
die unerhörten Stimmen des Verderbens.

Mit uns will sie die bunten Brüder
und grauen Schwestern erwachen sehn,
15 den König Fisch, die Hoheit Nachtigall,
und den Feuerfürsten Salamander.

Für uns pflanzt sie Korallen ins Meer.
Wäldern befiehlt sie, Ruhe zu halten,
dem Marmor, die schöne Ader zu schwellen,
20 noch einmal dem Tau, über die Asche zu gehn.

Die Erde will ein freies Geleit ins All
jeden Tag aus der Nacht haben,
dass noch tausend und ein Morgen wird
von der alten Schönheit jungen Gnaden.

Arbeitsanregungen

1. Was könnte mit der „große[n] Fracht" gemeint sein?
2. Analysieren Sie den Aufbau von Bachmanns Gedicht.
3. Welche Fragen bleiben nach der ersten Lektüre offen? Formulieren Sie diese und tauschen Sie sich darüber aus.
4. Schreiben Sie die letzte Strophe des Gedichts „Freies Geleit" um in einen Appell an die Leser von heute.
5. Was ist das eigentliche Thema von „Freies Geleit"?
6. Erläutern Sie die häufige Verwendung von Personifikationen.
7. Entwerfen Sie ein Gegengedicht mit dem Titel: „Freies Geleit?", in dem Sie Formen der Umweltzerstörung unserer Zeit thematisieren.
8. „Zur Naturlyrik Ingeborg Bachmanns" – Verfassen Sie eine zusammenhängende Würdigung auf der Basis der drei hier präsentierten Gedichte.

Sarah Kirsch
Der Saurier (1960)

Der Saurier
das böse Tier
war im Norden
so groß geworden
und so mächtig
und so prächtig
daß ihn befiel ein Wahn:
Er fraß die Sonne aus ihrer Bahn.
In der Eiszeit
da war es soweit
vorbei alle Freud
da starb er aus.
Lerne daraus!

R

Rainer Kirsch
Gespräch mit dem Saurier (1963)

Und ich sage dir, du bist tot,
Ah, deine Hornhaut – zuckst du damit?
Worauf berufst du dich? Biogenetische Grundregel,
Dein Blut, wässrig, wechselwarm,
Flöss noch in Menschenadern?
Ach, Spatzen sind klüger als du.
Sie picken Körner, nährn sich
Noch auf rußigen Bahnsteigen –
Sie überlebten.

Vergangen bist du, paläozoischer[1] Fleischberg,
Riesenhaft, watschelnd:
Selbst über unsre schwachwandigen Häuser
Kannst du nicht hinwegsehn.

Grinst du, vergleichst? Sackgassen wärn wir wie du,
Fehlkalkulation der Natur,
Ast überm Nichts hängend,
Zum Brechen bestimmt von der eigenen Frucht:
Erfindungen, Technik, Verbrauch,
Atomstrahlung, Mutationen …

Geirrt.
Unser Säbelzahntiger
Sitzt in uns selbst. Wir
Brechen den Panzer auf
(Lach nur: biogenetische Grundregel, aber:
Nichts wiederholt sich!),
Brechen ihn auf und lachen und weinen
Und verstehn (ja, Großhirnzellen, mein Lieber!),
Entfesseln die Hände einander, baun
Städte für uns, für lebendige Kinder!
Zuck nur! Was heißt überleben? Wir
Bevölkern das All,
Machen uns selbst,
Werden Menschen,
Wir sind!

[1] **Paläozoikum:** Erdaltertum (ca. 540–250 Mio. Jahre v. Chr.)

Arbeitsanregungen

1. Arbeiten Sie heraus, wo Rainer Kirsch indirekt die Aussagen und Reaktionen des Sauriers wiedergibt. Stellen Sie sich ferner vor, der Saurier würde dem lyrischen Ich tatsächlich antworten bzw. ihm ins Wort fallen. Entwerfen Sie einen Dialog auf der Basis des Gedichts.
   Alternativ dazu können Sie ein Gegengedicht aus der Perspektive des Sauriers verfassen, das den Text aus Sarah Kirschs Gedicht einbaut – eventuell in aktualisierter Form.
2. Der Titel des ersten Gedichtbands von Sarah und Rainer Kirsch lautete „Gespräch mit dem Saurier" (erschienen 1965). Nehmen Sie Stellung zu der Frage, welche Funktion der Saurier dabei gehabt haben könnte.
3. Widerspricht Rainer Kirsch mit seinem Gedicht jenem von seiner Frau Sarah? Ist sein optimistisches Menschenbild ernst gemeint? Prüfen Sie, was dafür und was dagegen spricht, und begründen Sie Ihre Ausführungen am Text.

Reiner Kunze
Fast ein frühlingsgedicht (1968)

Vögel, postillione, wenn
ihr anhebt kommt der brief
mit dem blauen siegel, der dessen briefmarken
aufblühn dessen text
5 heißt:

Nichts
währt
ewig

Peter Huchel
Ohne Titel (1972)

UNTER der blanken Hacke des Monds
werde ich sterben,
ohne das Alphabet der Blitze
gelernt zu haben.

5 Im Wasserzeichen der Nacht
die Kindheit der Mythen,
nicht zu entziffern.

Unwissend
stürz ich hinab,
10 zu den Knochen der Füchse geworfen.

Reiner Kunze
Auch ein wintergedicht (1970)

Kernbeißer, seltener fenstergast

Treibt dich der frost her?
Vielleicht sogar aus dem böhmischen?

Beißen die freunde den kern?

Wir dachten, sie könnten den frühling   5
erfliegen

Aber der frühling muß
kommen

Wir müssen den kern beißen

Der winter wird hart sein und lang   R   10

Albrecht Goes
Landschaft der Seele (1948)

Kein Himmel. Nur Gewölk ringsum
Schwarzblau und wetterschwer.
Gefahr und Angst. Sag: Angst – wovor?
Gefahr: und sprich – woher?
5 Rissig der Weg. Das ganze Feld
Ein golden-goldner Brand.
Mein Herz, die Hungerkrähe, fährt
Kreischend über das Land.

Arbeitsanregungen

1. Naturlyrik und/oder politische Lyrik: Analysieren Sie die beiden Gedichte Kunzes auf der Basis dieser Frage. Lesen Sie dazu auch den Info-Text auf der nächsten Seite.
   - Was könnte mit dem Motiv des Winters gemeint sein und was hat es mit dem Kernbeißer auf sich?
   - In seinem Text „Fast ein frühlingsgedicht" spricht er von einem „blauen siegel" und spielt damit auf ein Gedicht von Mörike an (s. S. 32). Stellen Sie Vermutungen darüber an, was mit dem Text des Briefes, dem Siegel und dem Motiv des Frühlings gemeint sein könnte.
2. Erläutern Sie, inwiefern die beiden Gedichte Kunzes zusammenhängen.
3. Wenn man auch Huchels Gedicht als eine „Landschaft der Seele" des lyrischen Ichs beschreiben würde: Wie sähe diese Seele aus? Vergleichen Sie die Gedichte von Goes und Huchel unter dem Aspekt: „Natur als Abbild des eigenen Innern". Überlegen Sie, inwieweit die unterschiedlichen Entstehungszeiten von Bedeutung sind.

Information — **Naturlyrik seit den fünfziger Jahren des 20. Jahrhunderts**

Die fünfziger Jahre des 20. Jahrhunderts sind geprägt vom so genannten „Wirtschaftswunder". Westdeutschland (BRD) erlebte einen rasanten wirtschaftlichen Aufschwung, dessen Schattenseiten verdrängt wurden. Einzig die Schriftsteller und Intellektuellen blieben kritisch und erkannten die Dünnhäutigkeit des zunehmenden Wohlstands. Man fürchtete eine neue Restauration und eine zunehmende Blindheit gegenüber den Bedrohungen einer möglichen atomaren Aufrüstung der Bundeswehr. Hiroshima und die Gefahren der friedlichen wie auch militärischen Nutzung des Atoms wurden zum Thema der Literatur.

Im Lauf der siebziger und vor allem der achtziger Jahre erwachte dann das eigentliche ökologische Bewusstsein. Sensibilisiert nahmen die Menschen die Zerstörung ihrer Lebensgrundlagen – etwa durch das Waldsterben – nicht mehr hin, auch der Widerstand gegen die Atompolitik regte sich (z. B. Brokdorf, 1976–86, und Wyhl, ab 1973). Als sich 1986 schließlich noch die Reaktorkatastrophe von Tschernobyl ereignete, wurde die Ökologie endgültig zu einem Hauptthema. Dies begann sich allerdings nach dem Mauerfall wieder zu verändern und die Akzente verschoben sich erneut. Auch in der Lyrik wurden nun eher die Wiedervereinigung und die damit verbundenen Errungenschaften und Probleme zum Gegenstand der Betrachtung.

Die Entwicklung in der DDR verlief anders: Die Bildung einer neuen, sozialistischen Gesellschaft war verknüpft mit einem eher unkritischen Umgang mit den natürlichen Ressourcen; Umwelt- und Naturschutz war kein Thema. Bis zur Wende waren die Lebensbedingungen der Menschen das beherrschende Thema der Literatur, dies allerdings wegen der Zensur meist in verschlüsselter Form. Und genau zu diesem Zweck der Verschlüsselung wurde dann wieder gerne auf Motive aus Natur und Umwelt zurückgegriffen (vgl. zum Beispiel B 5.1: Reiner Kunze, „Der Hochwald erzieht seine Bäume", S. 67).

Wolf Biermann wurde 1976 ausgebürgert, Peter Huchel siedelte 1971 in die Bundesrepublik über, Reiner Kunze 1977 und Günter Kunert 1979, um nur die populärsten Autoren zu nennen. Sie alle hatten seit den siebziger Jahren Bilder zerstörter Idylle in die Lyrik eingebracht – manchmal werden auch Versatzstücke alten Naturverständnisses mit einem Beiklang von Trauer verabschiedet. Mensch und Natur werden – auch im Westen – längst nicht mehr als Einheit gesehen. Der Verlust dieser Einheit ist aber auf völlig unterschiedliche Ursachen zurückzuführen: im Westen auf das rasante Wirtschaftswachstum, im Osten auf den materialistisch ausgerichteten Sozialismus. Die Natur als zeitlosen und ewigen Fluchtpunkt menschlicher Wunschträume gibt es in der Lyrik der DDR nicht mehr und in der Bundesrepublik sind entsprechende zeitgenössische Gedichte oft unschwer als Kitsch zu entlarven, der eine heile Welt vorgaukelt, die von kaum jemandem mehr irgendwo dauerhaft vorgefunden wird.

Wolf Biermann
Der Herbst hat seinen Herbst (1980)

Sanft
frisst der Schnee die Gärten
Von Buchen blättert der Rost
Und der Wind
5   mühelos erntet er
Spatzen vom kahlen Gesträuch

Der Herbst hat seinen Herbst
Bald
blüht schon der Winter
10 Eins nach dem andern
Es betet ihren Rosenkranz
und gelassen die Natur

Wir aber
Ja, aber wir

Peter Rühmkorf
Bleib erschütterbar und widersteh (1979)

Also heut: zum Ersten, Zweiten, Letzten:
Allen Durchgedrehten, Umgehetzten,
was ich, kaum erhoben, wanken seh,
gestern an und morgen abgeschaltet:
5   Eh dein Kopf zum Totenkopf erkaltet:
Bleib erschütterbar – doch widersteh.

Die uns Erde, Wasser, Luft versauen
– Fortschritt marsch! mit Gas und Gottvertrauen –
Ehe sie dich einvernehmen, eh
10 du im Strudel bist und schon im Solde,
wartend, dass die Kotze sich vergolde:
Bleib erschütterbar – und widersteh.

Schön, wie sich die Sterblichen berühren –
Knüppel zielen schon auf Herz und Nieren,
15 dass der Liebe gleich der Mut vergeh ...
Wer geduckt steht, will auch andre biegen.
(Sorgen brauchst du dir nicht selber zuzufügen;
alles, was gefürchtet wird, wird wahr!)
Bleib erschütterbar.
20 Bleib erschütterbar – doch widersteh.

Widersteht! im Siegen Ungeübte,
zwischen Scylla hier und dort Charybde[1]
schwankt der Wechselkurs der Odyssee ...
Finsternis kommt reichlich nachgeflossen;
25 aber du mit – such sie dir! – Genossen!
teilst das Dunkel, und es teilt sich die Gefahr,
leicht und jäh – – –
Bleib erschütterbar!
Bleib erschütterbar – und widersteh.

[1] **Scylla und Charybdis:** zwei Ungeheuer aus Homers „Odyssee", die an der Meerenge von Messina die Seefahrer bedrohten; wer dem einen entrinnen wollte, fiel dem andern zum Opfer

B 4 „Die Erde will ein freies Geleit" – Von der Weimarer Republik bis zur Gegenwart

Arbeitsanregungen

1. Informieren Sie sich über die politischen und gesellschaftlichen Grundlagen der Gesellschaft in der Bundesrepublik und der DDR von den fünfziger Jahren bis zur „Wende".
2. Zeigen Sie, inwiefern in den beiden Gedichten von Biermann und Rühmkorf Naturlyrik und politische Lyrik Hand in Hand gehen.
3. Formulieren Sie jeweils eine erste vorläufige Aussageabsicht, die die beiden Dichter mit ihren Gedichten verfolgen könnten, und überprüfen Sie diese dann detailliert am Text. Welche Aspekte scheinen Ihnen dabei besonders wichtig?
4. Wie könnte Biermanns Gedicht weitergehen? Wie würden Sie für sich selbst seine Schlussfrage mit Blick auf die Ökologie beantworten?
5. Könnte Rühmkorfs Text die Abschlussfrage bei Biermann beantworten?

Durs Grünbein
An der Elbe (1988)

>Wie gesagt ... irgendwas scheint
                        überschritten.< Ich
            weiß nicht, doch
      streune ich manchmal ganz

5   grundlos diesen vergifteten Fluss
                  entlang, zähle
            die Enten und un-
verwüstlichen Schwäne und dann
              geschieht's, dass ich an all
10 diese Flussgötter denke (im Blick
                den vorüber-
        treibenden Unrat: Papierfetzen und
        Blechkanister, etwas

Polystyrol) als hätte es sie (die
15   Orgasmen der 3000
          Töchter des Okeanos[1]) überhaupt
             nicht gegeben und
            jeder Zufluss
wirft neue Blasen zartleuchtender
20   Chemikalien auf, an –
            gewidert spucke ich von der

        kahlen Uferterrasse herab, fühle
            mich unbehaglich (der
                  >Held im Film<) und
25 bewundere später ein Paar strom-
              abwärts keuchender
                      alter Männer
            beim Jogging.

1 **Okeanos:** In der griech. Mythologie Ursprung der Götter und aller Gewässer. Der Verbindung von Okeanos und seiner Frau Tethys entspringen der Sage nach 3000 Flussgötter und 3000 Okeaniden.

Arbeitsanregungen

1. Wie würden Sie Grünbeins Gedicht filmisch umsetzen? Entwerfen Sie ein Drehbuch.
2. Gestalten Sie eine Collage zu dem Gedicht mit dem Titel: „Irgendwas scheint überschritten".
3. Verfassen Sie ein aktuelles Parallelgedicht.

Tobias Falberg
Paternoster (2011)

Wir haben Fässer in die Erde versenkt,
die jetzt zurückkehren, rostige Paternoster[1]

zwischen Unter- und Oberwelt.
Wir begutachten Wurzeln, brüchige

5 Baumkomplexe, befallen vom Hallimasch[2].
Er lässt das kranke Holz leuchten,

während er es verbraucht.
Unter der Rinde dieser Gegend

wandert das Geflecht der Schächte,
10 ein agiles Ganzes mit offenem Ausgang.

1 **Paternoster:** ein Personenaufzug mit mehreren Kabinen, der ununterbrochen läuft
2 **Hallimasch:** Pilz aus der Familie der Rindenschwämme, oft auch an Bäumen zu finden; das frisch vom Pilzmyzel durchdrungene Holz kann durch chemische Prozesse leuchten (Biolumineszenz).

Günter Kunert
Natur (2011)

eine Vertriebene unserer Ansprüche.
Oh du schöner Westerwald[1],
Grabmal des vielfach bekannten Soldaten.
Füllest wieder Busch und Tal[2]
5 und stehest schwarz und schweigest[3].
Es birgt dein Boden
vergessene Minen und entleerte
Geschosshülsen und des Lebens
versteckte Unsterblichkeit –
10 so gut, dass wir sie nicht finden.
Krume hieß, was die Keime und
die Gebeine gleichermaßen einschloss.
Ja, die Wälder wachsen nach,
sobald die Holzfäller beerdigt sind.
15 Geläutert die Erde erst
nach dem Ende
unserer Verblendung.

1 **Westerwaldlied:** 1936 komponierter Marsch, häufig von Soldaten gesungen; Volkslied
2 vgl. J.W. Goethe, „An den Mond"
3 vgl. M. Claudius, „Abendlied" (Der Mond ist aufgegangen)

Arbeitsanregungen

1. Suchen Sie Aspekte für einen Vergleich der Gedichte von Grünbein, Falberg und Kunert.
2. Analysieren Sie die Gedichte inhaltlich, formal und sprachlich und interpretieren Sie sie vergleichend in einem zusammenhängenden Text.

Jürgen Jonas
Danach (2011)

Wenn Du stirbst,
mein Junge,
stellen die Kirschenbäume
den Betrieb nicht ein.
5 Der sanfte Wind streicht durch das Gras
wie zu Deiner Lebzeit.
Die Wolken gehn den gewohnten Gang.
Der Maulwurf hebt aus.
Alles da.
10 Alles wirksam.
Nur Du
kannst nicht so tun
als ob.

Gabriele von Hippel-Schäfer
Frühlings-Erinnern (2002)

Frühlings-Erinnern –

Neugeburt
Sturz aus Dunkel
in Fülle

5 Nein du verlorst nicht
noch lebt der Schmetterling
und hinter dem Spechtgelächter
unentmutigt
preist das Meisengeläute
10 Vergessen das Wintergekrächze
vergessen die Torheit Alter

Atemprobe
in duftiger Gegenwart
Hoffnung

Kilian Lipp: Der Tag danach (2004)

Sarah Kirsch
Ferne (1992)

Niemals wird auf den
Armen Gefilden Herrlichkeit
Liegen wie in der Kindheit als noch die
Fichten grün und licht lebten,
5 Schwarzes
Wissen beugt mir den Hals.

Arbeitsanregungen

1. Wie erfährt das lyrische Ich jeweils die Natur?
2. Stellen Sie in einem tabellarischen Vergleich der Gedichte von S. Kirsch und G. von Hippel-Schäfer dar, wie die Natur früher gesehen wurde und wie zum jeweils gegenwärtigen Zeitpunkt: Welche Bedeutung hat die Erinnerung an frühere Zeiten bzw. bei Sarah Kirsch an die Kindheit?
3. Vergleichen Sie das Gemälde des Allgäuer Künstlers Kilian Lipp mit dem Gedicht von Jürgen Jonas: Passt die Zusammenstellung? Wie würden Sie Lipps Gemälde in ein Gedicht umsetzen?
4. Mensch und Natur: Stellen Sie auf der Basis der drei Gedichte Möglichkeiten der Naturerfahrung des zeitgenössischen Menschen dar.

Rike Richstein
Endlos (2013)

Endlos
Scheint der Himmel
Über dem
Horizont

5   Wie Schleier
Liegen
Die Wolken
Sachte
Über dem endlosen
10 Blau

Endlos
Scheint der Himmel
Und mittendrin
Über der schwebenden
15 Unendlichkeit
Ein kleiner, gelber
Kreis

Die Sonne
Setzt im Endlosen
20 Einen Punkt

Endlos
Scheint der Himmel
Unendlich
Groß
25 Unendlich
Blau

Unendlich
Unendlich frei

Arbeitsanregungen

1. Vergleichen Sie die beiden Gedichte Richsteins.
2. Stellen Sie sich vor, Sie müssten eines der Gedichte für die Aufnahme in eine Gedichtsammlung auswählen:
   - Welche Qualitätskriterien legen Sie Ihrer Beurteilung zugrunde? Was macht Ihrer Ansicht nach ein gutes Gedicht aus?
   - Begründen Sie Ihre Auswahl am Text.
3. Notieren Sie den Text Sayers in Versform. Begründen Sie Ihre Gestaltung.
4. Vergleichen Sie Sayers Text inhaltlich mit einem Gedicht von Richstein.
5. Verfassen Sie ein Gedicht zur Erde, vom Mond aus gesehen.

Rike Richstein
Der Mond in dieser Nacht (2011)

Wie eine Münze,
die liegt
tief auf des Meeres Grund
und doch am Himmel klebt.

5   Nur eine Spiegelung
im unendlichen Blau,
der unendlichen Weite,
des unendlichen Ozeans

Nur ein Fleck
10 im unendlichen Blau,
der unendlichen Weite,
des unendlichen Himmels.

Wie eine Münze,
die liegt
15 tief auf des Meeres Grund
und doch am Himmel klebt

scheint
der
Mond

20 heut Nacht.

Walle Sayer
Nichts, nur (2009)

Nichts, nur der Vollmond, der sich spiegelt im ruhigen Wasser, ein an den See entrichteter Obolus der Nacht. Nichts, nur ein paar Raben, Funktionäre der Farbe Schwarz, hocken im Geäst, zerkrächzen die Sicht. Nichts, nur die Runde am Nebentisch, Schaumkronen setzen sie sich auf, erlassen ihre Edikte, danken ab. Nichts, nur: diese Tonfolge, dieser Auftakt.

Arbeitsanregungen zum gesamten Kapitel B 4

1. „Moderne Lyrik schreiben kann jeder!" Überprüfen Sie diese These am Beispiel von Gedichten dieses Kapitels.
2. „Das ist keine Kunst!" – Was aber dann? Verfassen Sie einen Essay, in dem Sie Ihr Verständnis von Kunst reflektieren.

5 Naturlyrik in Themen- und Motivkreisen

5.1 „Ist es ein lebendig Wesen?" – Bäume und Blumen

Peter Härtling
An den Ginkgo vor der Tür (1997)

Wenn ich hinausgeh
vor die Tür,
geh
und den seltenen Baum –
5 dass ich Eins und
doppelt bin –
den ich vor Jahren
gepflanzt habe,
betrachte,
10 den Ginkgo
(bei Sabine L. las ich,
er werde New York überdauern,
diese Stadt),
dann frage ich mich
15 oder frage ihn:
Baum,
warum wächst du nicht?
Baum,
warum hältst du
20 den Frühling hinaus?
Baum,
warum überlässt du
den Sommer andern?
Baum,
25 warum überwinterst
du
leichter als ich
und nimmst mein
Gedicht vorweg.
30 Du bist schlau,
Baum.

Johann Wolfgang Goethe
Gingo Biloba (1819)

Dieses Baums Blatt, der von Osten
Meinem Garten anvertraut,
Gibt geheimen Sinn zu kosten,
Wie's den Wissenden erbaut.

5 Ist es e i n lebendig Wesen,
Das sich in sich selbst getrennt?
Sind es zwei, die sich erlesen,
Dass man sie als e i n e s kennt?

Solche Frage zu erwidern,
10 Fand ich wohl den rechten Sinn;
Fühlst du nicht an meinen Liedern,
Dass ich eins und doppelt bin?

Arbeitsanregungen

1. Goethe und Härtling wählen den „Ginkgo" als Motiv für ihr Gedicht: Untersuchen Sie, wie beide dieses Motiv inhaltlich und formal gestalten, und prüfen Sie die Vergleichbarkeit der Gedichte.

Arbeitsanregungen

1. Den Gedichten (S. 65–69) liegt das Motiv des Baumes zugrunde. Interpretieren Sie die Gedichte. Berücksichtigen Sie dabei:
   - inhaltliche Positionierungen des lyrischen Ichs/des lyrischen Sprechers, ggf. mit Bezug auf den Zeithintergrund,
   - gestalterische Elemente wie Vers- und Strophenbau, Metrum und Reim, Satzbau, Wortwahl und Bildlichkeit in ihrer Wirkung für den Textinhalt.
2. Klären Sie, welche Gedichte unter welchen Aspekten vergleichbar sind, und führen Sie die Vergleiche durch.

Friedrich Hölderlin
Die Eichbäume (1798)

Aus den Gärten komm' ich zu euch, ihr Söhne des Berges!
Aus den Gärten, da lebt die Natur geduldig und häuslich,
Pflegend und wieder gepflegt mit dem fleißigen Menschen zusammen.
Aber ihr, ihr Herrlichen! steht, wie ein Volk von Titanen
5 In der zahmeren Welt und gehört nur euch und dem Himmel,
Der euch nährt' und erzog, und der Erde, die euch geboren.
Keiner von euch ist noch in die Schule der Menschen gegangen,
Und ihr drängt euch fröhlich und frei, aus der kräftigen Wurzel,
Unter einander herauf und ergreift, wie der Adler die Beute,
10 Mit gewaltigem Arme den Raum, und gegen die Wolken
Ist euch heiter und groß die sonnige Krone gerichtet.
Eine Welt ist jeder von euch, wie die Sterne des Himmels
Lebt ihr, jeder ein Gott, in freiem Bunde zusammen.
Könnt' ich die Knechtschaft nur erdulden, ich neidete nimmer
15 Diesen Wald und schmiegte mich gern ans gesellige Leben.
Fesselte nur nicht mehr ans gesellige Leben das Herz mich,
Das von Liebe nicht lässt, wie gern würd' ich unter euch wohnen!

Bertolt Brecht
Vom Klettern in Bäumen (1926)

1
Wenn ihr aus eurem Wasser steigt am Abend –
Denn ihr müßt nackt sein, und die Haut muß weich sein –
Dann steigt auch noch auf eure großen Bäume
Bei leichtem Wind. Auch soll der Himmel bleich sein.
5   Sucht große Bäume, die am Abend schwarz
Und langsam ihre Wipfel wiegen, aus!
Und wartet auf die Nacht in ihrem Laub
Und um die Stirne Mahr und Fledermaus!

2
Die kleinen harten Blätter im Gesträuche
10 Zerkerben euch den Rücken, den ihr fest
Durchs Astwerk stemmen müßt; so klettert ihr
Ein wenig ächzend höher ins Geäst.
Es ist ganz schön, sich wiegen auf dem Baum!
Doch sollt ihr euch nicht wiegen mit den Knien
15 Ihr sollt dem Baum so wie sein Wipfel sein:
Seit hundert Jahren abends: er wiegt ihn.

Reiner Kunze
Der Hochwald erzieht seine Bäume (1962)

Der hochwald erzieht seine bäume

Sie des lichtes entwöhnend, zwingt er sie,
all ihr grün in die kronen zu schicken
Die fähigkeit,
5   mit allen zweigen zu atmen,
das talent,
äste zu haben nur so aus freude,
verkümmern

Den regen siebt er, vorbeugend
10 Der leidenschaft des durstes

Er läßt die bäume größer werden
wipfel an wipfel:
Keiner sieht mehr als der andere,
dem wind sagen alle das gleiche

15 Holz

Rainer Malkowski
Die Zypresse (1983)

Kein Baum, unter dem man rastet.
Ungesellig, kaum Schutz
vor der Sonne.
Überhaupt kein Baum für Nähe
5 und Zutraulichkeit.
Keins der Laubmammuts,
um die man staunend
herumgeht:
Klatschend schlägt die Hand
10 auf Elefantenhaut.

Die Rinde der Zypresse,
ein Bündel grauer, schlecht
gezurrter Fasern,
weckt kein Verlangen
15 nach Berührung.
Aus der Ferne muss man ihn sehen –
diesen Baum ohne Arme.
Auf einem kahlen Hügel, allein:

aufrecht,
20 aufrecht,

nachdrücklich redend
in der schwermütigen Sprache
der Zeichen.

Kilian Lipp: Zypressen (2005)

Karl Krolow
Der Baum (1971)

Gestern habe ich einen Baum gepflanzt
Und ihm den Namen
Meiner Unruhe gegeben.
Heute umspringt seine Hüften
5 Die Forelle des Lichts.
Das Silber kleiner Gespräche
Dringt durch sein Laub.
Es ist Versteck für alle Mittage.
Später lehnt der Abend
10 Eine goldene Leiter
An seine Krone.
Die Nacht benutzt sie,
Um mit ihrer Hilfe den Himmel zu verlassen
Und in die Arme einer Gestalt zu sinken,
15 Die sich mit abgeblendeter Laterne
Bereithielt.

Erich Fried
Die Bäume (1946)

Wenn sie die Bäume aus ihren Ländern schlagen,
Schlagen sie immer sich selber ins eigene Fleisch.
Wo keine Blätter wehn, wo keine Bäume ragen,
Grinst der Fels zu der Karstvögel Hungergekreisch.

5 Aus schwarzen Bäumen, die sie aus Schächten holen,
Aus harzigen Bäumen der Wälder ist all ihr Leben gemacht.
Bäume sind ihre Bücher, Bäume sind ihre Bohlen,
Bäume sind ihre Wärme und ihre Sonnen bei Nacht.

Ein Baum ist ihr Galgen, ihr Kreuz ein Baum auf dem Hügel,
10 Ein Baum in der Erde ihr Sarg, ein Baum auf dem Wasser ihr Boot.
Bäume sind ihre Betten, Bäume sind ihre Flügel,
Bäume im Grund sind ihr Leben, fliegende Bäume ihr Tod.

In großen Kriegen sind Bäume Asche geworden,
Bomben zerrissen Kronen und Wurzelgrund.
15 Große Tropfen weinen über das Morden,
Bitter tränt Harz von Bäumen, zerschlagen und wund.

Bäume warten im Land vor den großen Städten,
Die sich verzehren in ihrem eigenen Gift.
In ihrem Astwerk predigen alte Propheten,
20 In ihrer Borke steht eine runzlige Schrift:

Wenn die Wetter das faule Mark der Ruinen
Mürbe machen wie Zunder im hohlen Baum,
Wurzeln die wiedergekehrten Bäume in ihnen.
Nur die Meere sind dann noch Waldessaum.

Arbeitsanregungen
1. Welches Gedicht spricht Sie persönlich am meisten an? Begründen Sie Ihre Wahl.
2. Schreiben Sie ein Gedicht zu dem Motiv „Baum". Sie können sich dabei auch von einem der Bilder in diesem Teilkapitel inspirieren lassen.

„Nur eine Rose als Stütze" – Von Rosen und anderen Blumen

Hilde Domin
Nur eine Rose als Stütze (1959)

Ich richte mir ein Zimmer ein in der Luft
unter den Akrobaten und Vögeln:
mein Bett auf dem Trapez des Gefühls
wie ein Nest im Wind
5 auf der äußersten Spitze des Zweigs.

Ich kaufe mir eine Decke aus der zartesten Wolle
der sanftgescheitelten Schafe die
im Mondlicht
wie schimmernde Wolken
10 über die feste Erde ziehen.

Ich schließe die Augen und hülle mich ein
in das Vlies der verlässlichen Tiere.
Ich will den Sand unter den kleinen Hufen spüren
und das Klicken des Riegels hören,
15 der die Stalltür am Abend schließt.

Aber ich liege in Vogelfedern, hoch ins Leere gewiegt.
Mir schwindelt. Ich schlafe nicht ein.
Meine Hand
greift nach einem Halt und findet
20 nur eine Rose als Stütze.

Elisabeth Borchers
auf einen Geburtstag (1976)

Über Nacht
um dich her
in allen Farben
sind Rosen gewachsen,
5 über die schwarze
werf ich schnell einen Schatten.
Sieh nur wie schön,
und jedes Blatt so
groß wie ein kleines Gedicht.

Karl Krolow
Erwachen (1957)

Sage ich zum ersten Mal: Rose?
Ich nannte früher
Unrechte Namen.
Die Minuten, die
5 Meine Finger umschließen,
Haben kein Gewicht.
Wenn ich es spüre,
Wird es wieder zu spät sein.
Doch jetzt hat der Tag noch
10 Eben aufgeschlagene Augen.
Die Nacht zog sich
Hinter die Lider zurück.

Rainer Maria Rilke
Blaue Hortensie (1906)

So wie das letzte Grün in Farbentiegeln
sind diese Blätter, trocken, stumpf und rau,
hinter den Blütendolden, die ein Blau
nicht auf sich tragen, nur von ferne spiegeln.

5 Sie spiegeln es verweint und ungenau,
als wollten sie es wiederum verlieren,
und wie in alten blauen Briefpapieren
ist Gelb in ihnen, Violett und Grau;

Verwaschnes wie an einer Kinderschürze,
10 Nichtmehrgetragnes, dem nichts mehr geschieht:
Wie fühlt man eines kleinen Lebens Kürze.

Doch plötzlich scheint das Blau sich zu verneuen
in einer von den Dolden, und man sieht
ein rührend Blaues sich vor Grünem freuen.

Hans-Jürgen Heise
Versprechen (1975)

Unkraut
ich will dein Gärtner sein
in diesen Zeiten
da alle
5 die Rosen hätscheln

Gottfried Benn
Anemone (1936)

Erschütterer –: Anemone,
die Erde ist kalt, ist nichts,
da murmelt deine Krone
ein Wort des Glaubens, des Lichts.

5 Der Erde ohne Güte,
der nur die Macht gerät,
ward deine leise Blüte
so schweigend hingesät.

Erschütterer –: Anemone,
10 du trägst den Glauben, das Licht,
den einst der Sommer als Krone
aus großen Blüten flicht.

Josef Weinheber
Löwenzahn (1939)

Keine Vase will dich. Keine
Liebe wird durch dich erhellt.
Aber deines Samens reine
weiße Kugel träumt wie eine
5 Wolke, wie der Keim der Welt.

Lächle! Fühl dich gut gedeutet!
Blüh! So wird aus Schweigen Huld.
Bittre Milch und Flaum, der gleitet:
O, nicht Hass – den Himmel weitet
10 Weisheit. Stillesein. Geduld.

Wärst du auf der Höh geboren,
ferne, selten, früh empor:
Teilnahmslosem Gang der Horen
blühtest ruhmvoll, unverloren,
15 groß, dein Wunder vor.

Christine Busta
Die Sonnenblume (1981)

Schon senkt das dunkle Auge sie zur Erde
von goldnen Flammenwimpern schön umsäumt,
indes das Jahr die müden Felder räumt.
O reifer Stolz, o Demut der Gebärde!

5 Die Vögel fliegen gierig ins Gesicht
der Dulderin und lösen ihr vom Grund
die Samensterne. Doch das leere Rund
träumt noch erblindet neuer Sonnen Licht.

Arbeitsanregungen

1. Die Autoren haben verschiedene Blumen als Motiv für ihre Gedichte gewählt.
   Interpretieren Sie die Gedichte.
   - Erarbeiten Sie, auch Zeithintergründe einbeziehend, den Textinhalt und formulieren Sie jeweils eine Textaussage.
   - Analysieren Sie die Funktion wesentlicher gestalterischer Mittel.
2. Prüfen Sie, inwieweit das Blumen-Motiv die Gedichte vergleichbar macht.
3. Die Wahl der jeweiligen Blume und die damit verbundene Textintention: Überzeugt Sie das? Begründen Sie Ihre Ansicht.
4. Welches Gedicht hat Ihr Interesse am meisten geweckt? Erklären Sie.
5. Verfassen Sie zu einer Blume Ihrer Wahl ein Gedicht.

5.2 „Wir sind schon vergessen" – Bedrohte Natur

Stephan Hermlin
Die Vögel und der Test (1957)

Von den Savannen übers Tropenmeer
Trieb sie des Leibes Notdurft mit den Winden,
Wie taub und blind, von weit- und altersher,
Um Nahrung und um ein Geäst zu finden.

5 Nicht Donner hielt sie auf, Taifun nicht, auch
Kein Netz, wenn sie was rief zu großen Flügen,
Strebend nach gleichem Ziel, ein schreiender Rauch,
Auf gleicher Bahn und stets in gleichen Zügen.

Die nicht vor Wasser zagten noch Gewittern
10 Sahn eines Tags im hohen Mittagslicht
Ein höheres Licht. Das schreckliche Gesicht

Zwang sie von nun an ihren Flug zu ändern.
Da suchten sie nach neuen sanfteren Ländern.
Lasst diese Änderung euer Herz erschüttern ...

Paul Klee: Tropische Dämmerung mit der Eule (1921)

Arbeitsanregungen

1. Analysieren Sie die Gedichte Hermlins und Enzensbergers textnah und zeigen Sie, wie jeweils die Bedrohung durch das Atom dargestellt wird.
2. Überprüfen Sie, inwiefern sich Klees Gemälde als Bildthema dieses Teilkapitels eignet.

Hans Magnus Enzensberger
das ende der eulen (1960)

ich spreche von euerm nicht,
ich spreche vom ende der eulen.
ich spreche von butt[1] und wal
in ihrem dunkeln haus,
5 dem siebenfältigen meer,
von den gletschern,
sie werden kalben[2] zu früh,
rab und taube, gefiederten zeugen,
von allem was lebt in lüften
10 und wäldern, und den flechten im kies,
vom weglosen selbst, und vom grauen moor
und den leeren gebirgen:

auf radarschirmen leuchtend
zum letzten mal, ausgewertet
15 auf meldetischen, von antennen
tödlich befingert floridas sümpfe
und das sibirische eis, tier

und schilf und schiefer erwürgt
von warnketten, umzingelt
20 vom letzten manöver, arglos
unter schwebenden feuerglocken,
im ticken des ernstfalls.

wir sind schon vergessen.
sorgt euch nicht um die waisen,
25 aus dem sinn schlagt euch
die mündelsichern[3] gefühle,
den ruhm, die rostfreien psalmen.
ich spreche nicht mehr von euch,
planern der spurlosen tat,
30 und von mir nicht, und keinem.
ich spreche von dem, was nicht spricht,
von den sprachlosen zeugen,
von ottern und robben,
von den alten eulen[4] der erde.

1 **Butt:** schollenartiger Fisch
2 **kalben:** hier: Abbrechen von Eisbrocken von einem Gletscher
3 **Mündel:** unmündige, abhängige Person
4 **Eule:** Von der griechischen Mythologie her kommend, gilt die Eule als Vogel der Weisheit.

Hans Magnus Enzensberger
Nänie[1] auf den Apfel (1964)

Hier lag der Apfel
Hier stand der Tisch
Das war das Haus
Das war die Stadt
5 Hier ruht das Land.

Dieser Apfel dort
ist die Erde
ein schönes Gestirn
auf dem es Äpfel gab
10 und Esser von Äpfeln.

1 **Nänie:** Trauergesang, der im antiken Rom die Leichenzüge begleitete

Günter Kunert
Laika[1] (1963)

In einer Kugel aus Metall,
Dem besten, das wir besitzen,
Fliegt Tag für Tag ein toter Hund
Um unsre Erde
5 Als Warnung,
Dass so einmal kreisen könnte
Jahr für Jahr um die Sonne,
Beladen mit einer toten Menschheit,
Der Planet Erde,
10 Der beste, den wir besitzen.

1 **Laika:** Name eines Hundes, der 1957 als erstes Lebewesen zu Versuchszwecken in einer sowjetischen Rakete ins Weltall geschossen wurde (s. Abb. unten)

Lutz Rathenow
2084 (1982)

Wälder betrachten
in dreidimensional gestalteten Büchern
Nachts den Traum von Bäumen
am Rande der täglich befahrenen Straße
5 zwischen drei vier Städten
die keiner mehr trennen kann
Was Vögel sind fragen Kinder
Die Eltern zeigen einen Film
der Reihe „Ausgestorbene Lebewesen"

10 Und einmal pro Woche
ziehen die Familien aus
zur Erholung ins Naturmuseum:
bestaunen Gräser Fische Pflanzen
und wundern sich
15 wie früher es Menschen aushalten konnten
inmitten des Gestanks
nicht künstlich gezüchteter Blumen

Sarah Kirsch
Bäume (1984)

Früher sollen sie
Wälder gebildet haben und Vögel
Auch Libellen genannt kleine
Huhnähnliche Wesen die zu
5 Singen vermochten schauten herab.

Arbeitsanregungen

1. Vergleichen Sie die Gedichte Enzensbergers und Kunerts formal und inhaltlich.
2. Entwerfen Sie ein eigenes Gedicht mit dem Titel „Nänie auf Laika". Sie können sich dabei an den Textvorlagen orientieren, aber auch frei schreiben.
3. Informieren Sie sich über die weltpolitische Lage zur Entstehungszeit der beiden Gedichte. Sind die Gedichte als reine Zeitgedichte (also nur abhängig von ihrem zeitlichen Kontext) zu verstehen?
4. Vergleichen Sie Inhalt und Perspektive der Gedichte von Rathenow und Kirsch. Wie wird das gemeinsame Thema dargestellt?
5. In einem Gedicht über Natur finden sich folgende Verse: „Was für ein Geschlecht sind wir / Das Meer fanden wir vor unberührt / Erst zu unserer Zeit / Mußten wir fürchten, Fische zu essen."
   Erörtern Sie, zu welchem Gedicht dieses Kapitels sie sich als Schluss eignen würden.

Günter Kunert
Unterwegs nach Utopia II (1977)

Auf der Flucht
vor dem Beton
geht es zu
wie im Märchen: Wo du
5 auch ankommst
er erwartet dich
grau und gründlich

Auf der Flucht findest du
vielleicht
10 einen grünen Fleck
am Ende
und stürzt selig
in die Halme
aus gefärbtem Glas.

Jürgen Becker
Natur-Gedicht (1974)

in der Nähe des Hauses,
der Kahlschlag, Kieshügel, Krater
erinnern mich daran –
nichts Neues; kaputte Natur,
5 aber ich vergesse das gern,
solange ein Strauch steht

Dittmar Werner
Illusion (1983)

Bäume
auf graue Wände malen,
um den letzten Vögeln
einen Platz
5 für den Nestbau
zu sichern.

Arbeitsanregungen

1. Untersuchen Sie, wie in den drei vorliegenden Gedichten jeweils die Naturzerstörung dargestellt ist. Welche Rolle spielt dabei der Mensch?
2. Verfassen Sie aus heutiger Sicht ein Parallelgedicht zu einem der drei Texte und übernehmen Sie dabei dessen Titel.

5.3 „Und meine Seele wurde eins mit ihnen" – Tier und Mensch

Christian Morgenstern
Mensch und Tier (ca. 1900)

Ich war im Garten, wo sie all die Tiere
gefangen halten; glücklich schienen viele,
in heitern Zwingern treibend muntre Spiele,
doch andre hatten Augen tote, stiere.

5 Ein Silberfuchs, ein wunderzierlich Wesen,
besah mich unbewegt mit stillen Blicken.
Er schien so klug sich in sein Los zu schicken,
doch konnte ich in seinem Innern lesen.

Und andre sah ich mit verwandten Mienen
10 und andre rastlos hinter starren Gittern
und wunder Liebe fühlt ich mich erzittern,
und meine Seele wurde eins mit ihnen.

Günter Kunert
Im Zoo (1980)

Verwandte mit lateinischen Namen
Gesichter aus Fell und Gefieder
Hände aus Leder und Horn
Augen wie Glas
5 dass man hindurchsieht
bis auf den Grund der Evolution
wo die einfachen Gefühle wohnen
Angst und Verlangen
alte und dunkle Schatten:
10 Dein Blick
kehrt aus der Tiefe zurück
fremd geworden unterwegs
und sieht dich selber an
als gehörest du
15 nicht mehr dazu.

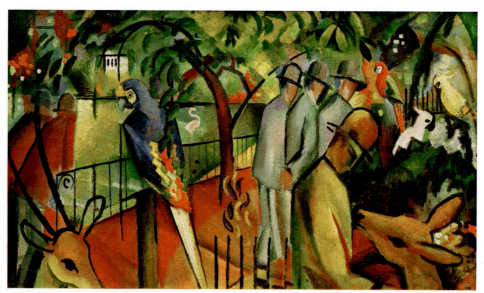

August Macke: Zoologischer Garten (1912)

Arbeitsanregungen

1. Den Gedichten von Morgenstern und Kunert liegt das Motiv des Zoos zugrunde.
   Interpretieren und vergleichen Sie die beiden Gedichte; arbeiten Sie dabei insbesondere die jeweilige Sichtweise des lyrischen Ichs/des lyrischen Sprechers heraus und zeigen Sie, wie sich diese in der sprachlichen Gestaltung spiegelt.
2. Beschreiben Sie August Mackes Gemälde und klären Sie, inwieweit es die beiden Gedichte illustrieren kann.

Gertrud Kolmar
Trauerspiel (1938)

Der Tiger schreitet seine Tagesreise
Viel Meilen fort.
Zuweilen gegen Abend nimmt er Speise
Am fremden Ort.

5 Die Eisenstäbe: alles, was dahinter
Vergeht und säumt,
ist Schrei und Stich und frostig fahler Winter
und nur geträumt.

Er gleitet heim: und musste längst verlernen,
10 Wie Heimat sprach.
Der Käfig stutzt und wittert sein Entfernen
Und hetzt ihm nach.

Er flackert heller aus dem blinden Schmerze,
Den er nicht nennt,
15 Nur eine goldne rußgestreifte Kerze,
Die glitzernd sich zu Tode brennt.

Rainer Maria Rilke
Der Panther (6.11.1902)
Im Jardin des Plantes, Paris

Sein Blick ist vom Vorübergehn der Stäbe
so müd geworden, dass er nichts mehr hält.
Ihm ist, als ob es tausend Stäbe gäbe
und hinter tausend Stäben keine Welt.

5 Der weiche Gang geschmeidig starker Schritte,
der sich im allerkleinsten Kreise dreht,
ist wie ein Tanz von Kraft um eine Mitte,
in der betäubt ein großer Wille steht.

Nur manchmal schiebt der Vorhang der Pupille
10 sich lautlos auf –. Dann geht ein Bild hinein,
geht durch der Glieder angespannte Stille –
und hört im Herzen auf zu sein.

Arbeitsanregungen

1. Interpretieren und vergleichen Sie die beiden Gedichte. Zeigen Sie dabei, wie das Tier jeweils gesehen und dargestellt wird, und untersuchen Sie die sprachliche und perspektivische Gestaltung der Texte.
2. Prüfen Sie, inwieweit die Abbildungen zu den Gedichten passen.
3. Überlegen Sie, auch mit Blick auf Morgensterns „Mensch und Tier" (S. 76) und Kunerts „Im Zoo" (S. 76), inwieweit dem Zoo eine besondere Bedeutung für das Verhältnis von Tier und Mensch zukommt.

Rainer Maria Rilke
Der Hund (1907/08)

Da oben wird das Bild von einer Welt
aus Blicken immerfort erneut und gilt.
Nur manchmal, heimlich, kommt ein Ding
                             und stellt
sich neben ihn, wenn er durch dieses Bild

5 sich drängt, ganz unten, anders, wie er ist;
nicht ausgestoßen und nicht eingereiht,
und wie im Zweifel seine Wirklichkeit
weggebend an das Bild, das er vergisst,

um dennoch immer wieder sein Gesicht
10 hineinzuhalten, fast mit einem Flehen,
beinah begreifend, nah am Einverstehen
und doch verzichtend: denn er wäre nicht.

Sarah Kirsch
Katzenleben (1984)

Aber die Dichter lieben die Katzen
Die nicht kontrollierbaren sanften
Freien die den Novemberregen
Auf seidenen Sesseln oder in Lumpen
5 Verschlafen verträumen stumm
Antwort geben sich schütteln und
Weiterleben hinter dem Jägerzaun
Wenn die besessenen Nachbarn
Immer noch Autonummern notieren
10 Der Überwachte in seinen vier Wänden
Längst die Grenzen hinter sich ließ.

Arbeitsanregungen

1. Hund und Katze – nicht nur hierzulande die beliebtesten Haustiere.
   - Zeigen Sie in einer detaillierten Analyse der beiden Gedichte, wie die lyrischen Sprecher das Tier interpretieren.
   - Formulieren Sie jeweils in einem Satz eine Textintention.

Johannes Bobrowski
Nachtlied (1956)

Vogel, komm,
grüner Vogel,
hoch aus dem Sternbild komm,
unter mein Laubdach, Vogel,
5 wir reden mitsammen

von den Ufern atmender
Ströme, der schwarzen Erde
im Waldland,
der Götter Haus,

10 wo sich der Mensch beginnt,
über sich sieht er das Licht,
findets im andern
Aug: so lernt er zu singen.

Vogel,
15 grüner Vogel,
unter dem Laubdach lass uns
reden davon.

Friedrich Nietzsche
Vogel Albatros (1882)

O Wunder! Fliegt er noch?
Er steigt empor und seine Flügel ruhn!
Was hebt und trägt ihn doch?
Was ist ihm Ziel und Zug und Zügel nun?

5 Er flog zu höchst – nun hebt
Der Himmel selbst den siegreich Fliegenden:
Nun ruht er still und schwebt,
Den Sieg vergessend und den Siegenden.

Gleich Stern und Ewigkeit
10 Lebt er in Höhn jetzt, die das Leben flieht,
Mitleidig selbst dem Neid –:
Und hoch flog, wer ihn auch nur schweben
                                  sieht!

O Vogel Albatros!
Zur Höhe treibt's mit ew'gem Triebe mich!
15 Ich dachte dein: da floss
Mir Trän' um Träne – ja, ich liebe dich!

Conrad Ferdinand Meyer
Möwenflug (1881)

Möwen sah um einen Felsen kreisen
Ich in unermüdlich gleichen Gleisen.
Auf gespannter Schwinge schwebend bleibend,
Eine schimmernd weiße Bahn beschreibend,
5   Und zugleich in grünem Meeresspiegel
Sah ich um dieselben Felsenspitzen
Eine helle Jagd gestreckter Flügel
Unermüdlich durch die Tiefe blitzen.
Und der Spiegel hatte solche Klarheit,
10 Dass sich anders nicht die Flügel hoben
Tief im Meer als hoch in Lüften oben,
Dass sich völlig glichen Trug und Wahrheit.

Allgemach beschlich es mich wie Grauen,
Schein und Wesen so verwandt zu schauen,
15 Und ich fragte mich, am Strand verharrend,
Ins gespenstische Geflatter starrend:
Und du selber? Bist du echt beflügelt?
Oder nur gemalt und abgespiegelt?
Gaukelst du im Kreis mit Fabeldingen?
20 Oder hast du Blut in deinen Schwingen?

Arbeitsanregungen

1. Johannes Bobrowski, Friedrich Nietzsche und Conrad Ferdinand Meyer wählen für ihre Gedichte das Vogelmotiv. Untersuchen Sie, wie die Autoren dieses Motiv inhaltlich und formal gestalten. Klären Sie dabei insbesondere die Bedeutung des „grünen Vogels", des „Albatros" und der „Möwen" für das lyrische Ich.
2. Prüfen Sie, inwieweit die Gedichte Botschaften an den Leser richten.
3. Versuchen Sie sich selbst als Dichter: Verfassen Sie ein Gedicht zu einem Tier Ihrer Wahl. Es muss sich nicht reimen.
4. Die Gedichte dieses Kapitels bilden etwa einhundert Jahre Geschichte der Lyrik ab: Hat das aus Ihrer Sicht Auswirkungen auf das Textverständnis, das Leseinteresse und die Aktualität? Begründen Sie Ihre Auffassung.

5.4 „Wir gehen in dich ein" – Das Ich in der Natur

Joseph von Eichendorff
Mondnacht (1837)

Es war, als hätt der Himmel
Die Erde still geküsst,
Dass sie im Blütenschimmer
Von ihm nun träumen müsst.

5 Die Luft ging durch die Felder,
Die Ähren wogten sacht.
Es rauschten leis die Wälder,
So sternklar war die Nacht.

Und meine Seele spannte
10 Weit ihre Flügel aus,
Flog durch die stillen Lande,
Als flöge sie nach Haus.

Peter Rühmkorf
Wo die Götter die Daumen drehen (1959)

Wo die Götter die Daumen drehen,
die Stunde verderblichen Blaus –
halb acht, die Länder vergehen,
die Wolken flocken aus.

5 Figur in Gras und Garben,
ein Herz, das wie Zunder verglimmt,
wenn der Abend flamingofarben
über die Grenze schwimmt.

Die Röte hingenommen,
10 den Wind im Achselhaar;
ein Tag zwischen Schmerz und Verkommen,
der noch dein bester war!

So schütter, so leicht durch die Finger
das luftige Konzept –
15 Go down, die Wolken schlingern,
die Ewigkeit verebbt.

Auguste Renoir: Landschaft

Günter Kunert
Sommerabend (1987)

Keiner kann diese Stunde beschreiben:
Wenn allein die Schatten merken
wie die Sonne sinkt. Tiefgrüne
Schatten aus Laub und Stille.
Das Licht wie bei Renoir: So sanft   5
wie deine rosige Fülle
in der ich nie schlafen werde
und niemals erwachen. Denn solche Stunde
gibt es in Wahrheit nicht
darum fehlen die Worte dafür.   10
Weil auch so viel Wahrheit
niemand ertrüge. Stattdessen
nehmen wir teil
am Tanz der Mücken
solange der Sommer dauert.   15

Arbeitsanregungen

1. Erarbeiten Sie Vergleichskriterien für eine Analyse der drei Gedichte.
2. Wählen Sie zwei der Gedichte aus und vergleichen Sie diese.
   Begründen Sie Ihre Auswahl.

B Natur und Mensch in der Lyrik

Annette von Droste-Hülshoff
Im Grase (1844)

Süße Ruh', süßer Taumel im Gras,
Von des Krautes Arom' umhaucht,
Tiefe Flut, tief, tief trunkne Flut,
Wenn die Wolke am Azure verraucht,
5 Wenn aufs müde schwimmende Haupt
Süßes Lachen gaukelt herab,
Liebe Stimme säuselt und träuft
Wie die Lindenblüt' auf ein Grab.

Wenn im Busen die Toten dann,
10 Jede Leiche sich streckt und regt,
Leise, leise den Odem zieht,
Die geschlossne Wimper bewegt,
Tote Lieb', tote Lust, tote Zeit,
All die Schätze, im Schutt verwühlt,
15 Sich berühren mit schüchternem Klang
Gleich den Glöckchen, vom Winde umspielt.

Stunden, flücht'ger ihr als der Kuss
Eines Strahls auf den trauernden See,
Als des ziehnden Vogels Lied,
20 Das mir niederperlt aus der Höh',
Als des schillernden Käfers Blitz,
Wenn den Sonnenpfad er durcheilt,
Als der flücht'ge Druck einer Hand,
Die zum letzten Male verweilt.

25 Dennoch, Himmel, immer mir nur
Dieses eine nur: für das Lied
Jedes freien Vogels im Blau
Eine Seele, die mit ihm zieht,
Nur für jeden kärglichen Strahl
30 Meinen farbig schillernden Saum,
Jeder warmen Hand meinen Druck
Und für jedes Glück meinen Traum.

Arno Holz
Mählich durchbrechende Sonne (1896)

Schönes,
grünes, weiches
Gras.

Drin
liege ich. 5

Inmitten goldgelber
Butterblumen!

Über mir ... warm ... der Himmel:

Ein
weites, schütteres, 10
lichtwühlig, lichtblendig, lichtwogig
zitterndes
Weiß,
das mir die
Augen 15
langsam ... ganz ... langsam
schließt.

Wehende ... Luft ... kaum merklich
ein Duft, ein
zartes ... Summen. 20

Nun
bin ich fern
von jeder Welt,
ein sanftes Rot erfüllt mich ganz,
und 25
deutlich ... spüre ich ... wie die
Sonne
mir durchs Blut
rinnt.

Minutenlang. 30

Versunken
alles ... Nur noch
ich

Selig!

Arbeitsanregungen

1. Nähern Sie sich den Texten assoziativ: Mit welchem Bild, mit welcher Musik würden Sie sie unterlegen?
2. Analysieren und interpretieren Sie die beiden Gedichte im Vergleich.

Günter Eich
Ende eines Sommers (1955)

Wer möchte leben ohne den Trost der Bäume!

Wie gut, dass sie am Sterben teilhaben!
Die Pfirsiche sind geerntet, die Pflaumen färben sich,
während unter dem Brückenbogen die Zeit rauscht.

5 Dem Vogelzug vertraue ich meine Verzweiflung an.
Er misst seinen Teil von Ewigkeit gelassen ab.
Seine Strecken
werden sichtbar im Blattwerk als dunkler Zwang,
die Bewegung der Flügel färbt die Früchte.

10 Es heißt Geduld haben.
Bald wird die Vogelschrift entsiegelt,
unter der Zunge ist der Pfennig zu schmecken.[1]

---

1 In der antiken Mythologie brachte der Fährmann Charon die Toten gegen einen Obulus (eine Münze, den „Charonspfennig") in die Unterwelt. Den Toten wurden diese Münzen unter die Zunge gelegt.

Gottfried Benn
Astern (1948)

Astern – schwälende[1] Tage,
alte Beschwörung, Bann,
die Götter halten die Waage
eine zögernde Stunde an.

5 Noch einmal die goldenen Herden
der Himmel, das Licht, der Flor,
was brütet das alte Werden
unter den sterbenden Flügeln vor?

Noch einmal das Ersehnte,
10 den Rausch, der Rosen Du –
der Sommer stand und lehnte
und sah den Schwalben zu,

noch einmal ein Vermuten,
wo längst Gewißheit wacht:
15 die Schwalben streifen die Fluten
und trinken Fahrt und Nacht. R

---

1 **schwälen:** schwelen, glimmen

Marie Luise Kaschnitz
Gelassene Natur (1944)

Was kümmert dich, Natur,
Des Menschen Los?
Du hegst und achtest nur
Die Frucht im Schoß.

5 Nicht störet deine Ruh
Der Lärm der Schlacht;
Nicht weinst und wachest du
Mit dem, der wacht.

Dein Ohr vernimmt es kaum,
10 Das bittre Weh.
Es blüht dein Blütenbaum
So schön wie je.

Manch armer Leib verwest
Lebendig tot,
15 Indessen du begehst
Das Abendrot.

Dir kann es gleichviel sein,
Wer wen erschlug;
Wir gehen in dich ein,
20 Das ist genug. R

Arbeitsanregungen

1. Natur und Vergänglichkeit: Zeigen Sie durch genaue Textanalyse, wie dieses Verhältnis in den einzelnen Gedichten dargestellt wird. Gehen Sie dabei auch auf die Stellung des lyrischen Ichs / des lyrischen Sprechers und auf die perspektivische Gestaltung der Texte ein.

Von einer Jagdhütte aus mit Blick über die Täler und Berge von Ilmenau bei Weimar verfasste Goethe zwei seiner berühmtesten Gedichte: „Wandrers Nachtlied" (1776) und „Ein Gleiches" (1780), das heißt, ein weiteres Gedicht mit demselben Titel. Letzteres erfuhr zahlreiche Übersetzungen, von denen zwei im Folgenden abgedruckt sind.

J. W. Goethe / H. Wadsworth Longfellow
Wayfarer's Night Song II (1845)

O'er all the hilltops
is quiet now
In all the treetops
hearest thou
5 hardly a breath
The birds are asleep in the trees
Wait! Soon like these
thou, too, shalt rest.

J. W. Goethe / unbekannter Autor
Wayfarer's Night Song (1946)

Over all the peaks
There's peace,
In all these trees
You feel
5 No breath of breeze;
The woodland birds their sounds have ceased.
Hush, for soon you'll be
Yourself at peace.

Nikolaus Lenau
aus: Waldlieder (1843)

Der Nachtwind hat in den Bäumen
Sein Rauschen eingestellt,
Die Vögel sitzen und träumen
Am Aste traut gesellt.

5 Die ferne schmächtige Quelle,
Weil alles andre ruht,
Lässt hörbar nun Welle auf Welle
Hinflüstern ihre Flut.

Und wenn die Nähe verklungen,
10 Dann kommen an die Reih
Die leisen Erinnerungen
Und weinen fern vorbei.

Dass alles vorübersterbe,
Ist alt und allbekannt;
15 Doch diese Wehmut, die herbe,
Hat niemand noch gebannt.

J. W. Goethe: Dampfende Täler bei Ilmenau (1776)

Arbeitsanregungen

1. Versuchen Sie, Goethes Gedicht aus den Übersetzungen zu rekonstruieren.
2. Vergleichen Sie Ihre Rückübersetzung dann mit Goethes Original (S. 93). Erläutern Sie allgemein die Problematik, ein Gedicht zu übersetzen.
3. Goethes Bleistiftzeichnung zeigt genau den Ausblick, den er von der Jagdhütte aus hatte. Wie sieht er in seinem Gedicht die Stellung des Menschen in der Natur? Sehen Sie eine räumliche Bewegung in dem Text?
4. Vergleichen Sie Goethes Gedicht mit jenem Lenaus.
5. „Wir gehen in dich ein" – Untersuchen Sie, wie die Gedichte dieses Teilkapitels zu diesem Titel passen.

5.5 „Kraut und Rüben gleich Gedicht" – Parodistisches

Heinrich Heine
Aus alten Märchen winkt es (1823)

Aus alten Märchen winkt es
Hervor mit weißer Hand,
Da singt es und da klingt es
Von einem Zauberland:

5 Wo große Blumen schmachten
Im goldnen Abendlicht,
Und zärtlich sich betrachten
Mit bräutlichem Gesicht; –

Wo alle Bäume sprechen
10 Und singen, wie ein Chor,
Und laute Quellen brechen
Wie Tanzmusik hervor; –

Und Liebesweisen tönen,
Wie du sie nie gehört,
15 Bis wundersüßes Sehnen
Dich wundersüß betört!

Ach, könnt ich dorthin kommen,
Und dort mein Herz erfreun,
Und aller Qual entnommen,
20 Und frei und selig sein!

Ach! Jenes Land der Wonne,
Das seh ich oft im Traum;
Doch kommt die Morgensonne,
Zerfließts wie eitel Schaum.

Peter Rühmkorf
Lied der Naturlyriker (1959)

Anmut dürftiger Gebilde:
Kraut und Rüben gleich Gedicht,
wenn die Bundes-Schäfergilde
Spargel sticht und Kränze flicht.

5 Abendland hat eingeladen,
Suppengrün und Fieberklee –
Auf die Quendelbarrikaden[1]:
Engagee! Engagee!

Wenn die Abendglocken läuten,
10 wenn der weiße Flieder blüht,
Lattich den Geworfenheiten,
Pfefferminze fürs Gemüt.

Grille neckt mich, Molch erschreckt mich,
mürber Apfel fällt so dumpf…
15 Welche Grund-Lemure[2] leckt mich
nesselscharf am Perlonstrumpf?

Auch, dass erst im durchgepausten
Ahornblatt die Angst verblasse,
und der Gram der Unbehausten
20 sich in Bütten pressen lasse.

Dass dem bunten Hühnerhofe
das zerstäubte Nichts entfahre,
und die Stroh-, die Stroh-, die Strophe
ein verschnittnes Glück bewahre.

25 Heitres Spiel gezinkter Karten:
Preisgewächs aus Wachspapier –
Höchstes Heil im Schrebergarten:
Heu und heute, hiii und hier.

1 **Quendel:** Thymian

2 **Lemure:** Geist Verstobener, Halbtoter

Arbeitsanregungen

1. Heinrich Heine gilt literaturgeschichtlich als Überwinder der Romantik. Vergleichen Sie Heines Gedicht mit Gedichten der Romantik, vor allem mit der Lyrik Eichendorffs, und stellen Sie parodistische Bezüge heraus. Lesen Sie dazu den Infoblock ▶ Formen uneigentlichen Sprechens, S. 29.
2. Erläutern Sie, wie Rühmkorf die Naturlyrik der Nachkriegszeit aufs Korn nimmt. Prüfen Sie, ob seine Kritik auf die Naturlyrik der 2. Hälfte des 20. Jahrhunderts übertragbar ist.

Eduard Mörike
Er ist's (1829)

Frühling lässt sein blaues Band
Wieder flattern durch die Lüfte;
Süße, wohlbekannte Düfte
Streifen ahnungsvoll das Land.
5 Veilchen träumen schon,
Wollen balde kommen.
– Horch, von fern ein leiser Harfenton!
Frühling, ja du bist`s!
Dich hab ich vernommen!

Rainer Brambach
Das blaue Band ... (1983)

Das blaue Band, wie Mörike es sah,
flatternd in den Lüften, wo?
Ich sehe einen Kondensstreifen
quer über den Himmel gezogen –
5 aber die Amsel ist abends immer da
auf dem First gegenüber singt sie ihr Lied
unsäglich –

Karl Krolow
Neues Wesen (1967)

Blau kommt auf
wie Mörikes leiser Harfenton.
Immer wieder
wird das so sein.
5 Die Leute streichen
ihre Häuser an.
Auf die verschiedenen Wände
scheint Sonne.
Jeder erwartet das.
10 Frühling, ja, du bist's!
Man kann das nachlesen.
Die grüne Hecke ist ein Zitat
aus einem unbekannten Dichter.
Die Leute streichen auch
15 ihre Familien an, die Autos,
die Boote.
Ihr neues Wesen
gefällt allgemein.

Arbeitsanregungen
1. Karl Krolow und Rainer Brambach nehmen in ihren beiden Gedichten explizit Bezug auf Mörikes „Er ist's".
   - Interpretieren und vergleichen Sie die drei Gedichte. Arbeiten Sie dabei die Akzente heraus, die Krolow und Brambach setzen.
   - Worin sehen Sie die inhaltlichen und sprachlichen Unterschiede begründet?
2. Original oder Parodie – was spricht Sie mehr an? Begründen Sie Ihren Standpunkt.

Erich Kästner
Besagter Lenz ist da (1928)

Es ist schon so. Der Frühling kommt in Gang.
Die Bäume räkeln sich. Die Fenster staunen.
Die Luft ist weich, als wäre sie aus Daunen.
Und alles andre ist nicht von Belang.

5 Nun brauchen alle Hunde eine Braut.
Und Pony Hütchen[1] sagte mir, sie fände:
die Sonne habe kleine, warme Hände
und krabble ihr mit diesen auf der Haut.

Die Hausmannsleute stehen stolz vorm Haus.
10 Man sitzt schon wieder auf Caféterrassen
und friert nicht mehr und kann sich sehen lassen.
Wer kleine Kinder hat, der fährt sie aus.

Sehr viele Fräuleins haben schwache Knie.
Und in den Adern rollt's wie süße Sahne.
15 Am Himmel tanzen blanke Aeroplane.
Man ist vergnügt dabei. Und weiß nicht, wie.

Man sollte wieder mal spazieren gehn.
Das Blau und Grün und Rot war ganz verblichen.
Der Lenz ist da! Die Welt wird frisch gestrichen!
20 Die Menschen lächeln, bis sie sich verstehn.

Die Seelen laufen Stelzen durch die Stadt.
Auf dem Balkon stehn Männer ohne Westen
und säen Kresse in die Blumenkästen.
Wohl dem, der solche Blumenkästen hat!

25 Die Gärten sind nur noch zum Scheine kahl.
Die Sonne heizt und nimmt am Winter Rache.
Es ist zwar jedes Jahr dieselbe Sache,
doch es ist immer wie zum ersten Mal.

1 Figur aus Kästners Kinderroman „Emil und die Detektive"

Arbeitsanregungen
1. Analysieren Sie das Gedicht Kästners unter besonderer Berücksichtigung seiner gestalterischen Mittel.
2. Untersuchen Sie, welche Bezüge sich zu Krolows „Neues Wesen" herstellen lassen.
3. Verfassen Sie ein parodistisches Gedicht zu einem Natur-Motiv Ihrer Wahl.

C Projektvorschlag: Die Natur in Romantik und Expressionismus – Gedichte und Gemälde

Information — Malerei der Romantik und des Expressionismus

Romantik

Für die Maler der Epoche kennzeichnend sind eine religiöse Grundhaltung und eine intensive Beziehung zur Natur. Diese wird häufig im Rhythmus der Tages- und Jahreszeiten dargestellt; als typische Motive gelten zum Beispiel Mondnacht, Nebel- und Dämmerungslandschaften, das Meer, Seen und Flüsse. Die Verehrung des Mittelalters schlägt sich in einer Vorliebe für Ruinen, Grabmäler und Höhlen nieder.

Die romantische Malerei intendiert keine realistische, objektive Wiedergabe der Naturerscheinungen: Diese werden gestaltet als Spiegelung des subjektiven Empfindens. So erhält die Natur vielfach symbolischen Charakter und weist über das sinnlich Wahrnehmbare hinaus: „Eine Landschaft ist ein Seelenzustand: Der Mensch soll nicht bloß malen, was er vor sich sieht, sondern auch, was er in sich sieht", sagt Caspar David Friedrich.

Bei aller Vielfalt sind die Betonung der Linienführung und die Farbe als Stimmungs- und Symbolträger Charakteristika des Malstils.

Expressionismus

Der Expressionismus ist ähnlich wie die Romantik eine europäische Kunstrichtung. Insbesondere die Künstlervereinigungen „Brücke" (1905) und „Der Blaue Reiter" (1911) sind für die deutsche Ausprägung der Epoche von Bedeutung. Nach der zunächst ablehnenden Haltung des zeitgenössischen Publikums und der Ächtung während des Nationalsozialismus als „entartete" Kunst gilt diese Epoche heute als ein kunsthistorischer Höhepunkt.

„Die Kunst gibt nicht das Sichtbare wieder, sondern macht sichtbar" – treffender als der Maler Paul Klee hätte man das expressionistische Stilprinzip kaum formulieren können: Es geht nicht um wirklichkeitsgetreue Abbildung des Äußeren, sondern um den Versuch, jenseits der Oberfläche das Wesenhafte, auch Unbekannte und Unbewusste darzustellen.

Den expressionistischen Malstil, geleitet durch subjektive Gefühlsempfindungen, dominieren eine übersteigerte Bildlichkeit, die Reduktion der Formen auf das Wesentliche, die Tendenz zur Abstraktion und Vereinfachung. Traditionelle Proportionen und Perspektiven werden verworfen und verzerrt wiedergegeben.

Die Farbgebung ist ausdrucksstark und häufig kontrastiv.

Bevorzugte Motive der Expressionisten, die mit ihrer Kunst Affekte wecken und nicht selten provozieren wollten, sind Städte, Naturlandschaften, Tiere, Akte, Porträts.

Arbeitsanregungen

1. Organisieren Sie ein gemeinsames Projekt der Fächer Deutsch und bildende Kunst zu dem Thema: „Die Natur in Romantik und Expressionismus: Gedichte und Gemälde". Stellen Sie auf der Grundlage der Basisinformation aus dem Infoblock Recherchen über beide Kunstepochen an: über ihre kunstgeschichtliche Bedeutung, ihre bevorzugten Themen und Motive und die Besonderheiten ihres Malstils.
2. Wählen Sie ein romantisches und ein expressionistisches Natur-Gemälde aus und vergleichen Sie es mit einem Natur-Gedicht der jeweiligen Epoche.
   Begründen Sie Ihre Wahl und interpretieren Sie Gemälde und Gedicht.
3. Natur in der Lyrik und Malerei der Romantik – Natur in der Lyrik und Malerei des Expressionismus: Arbeiten Sie vergleichend Gemeinsamkeiten und Unterschiede heraus und erklären Sie diese vor dem jeweiligen Zeithintergrund.

Romantik

*Caspar David Friedrich:
Zwei Männer in Betrachtung
des Mondes (1825–1830)*

*Caspar David Friedrich:
Mondaufgang am Meer (1822)*

*Caspar David Friedrich:
Der einsame Baum (1822)*

Carl Gustav Carus: Mondnacht über Ruine Eldena (1840)

John Constable: Dedham vale, view to Langham church… (1811)

Carl Gustav Carus: Die Dreisteine im Riesengebirge (1826)

Expressionismus

Franz Marc: Tiger (1912)

*Paul Serusier:
Melancholie (1890)*

Ernst Ludwig Kirchner: Berge und Häuser im Schnee (1924)

August Macke: Landschaft mit hellen Bäumen (1914)

Lösungen zu einzelnen Aufgabenstellungen

zu S. 34

Theodor Storm
Herbst

1
Schon ins Land der Pyramiden
Flohn die Störche übers Meer;
Schwalbenflug ist längst geschieden,
Auch die Lerche singt nicht mehr.

Seufzend in geheimer Klage
Streift der Wind das letzte Grün;
Und die süßen Sommertage
Ach, sie sind dahin, dahin!

Nebel hat den Wald verschlungen,
Der dein stillstes Glück gesehn;
Ganz in Duft und Dämmerungen
Will die schöne Welt vergehn.

Nur noch einmal bricht die Sonne
Unaufhaltsam durch den Duft,
Und ein Strahl der alten Wonne
Rieselt über Tal und Kluft.

Und es leuchten Wald und Heide,
Dass man sicher glauben mag,
Hinter allem Winterleide
Lieg' ein ferner Frühlingstag.

2
Die Sense rauscht, die Ähre fällt,
Die Tiere räumen scheu das Feld,
Der Mensch begehrt die ganze Welt.

3
Und sind die Blumen abgeblüht,
So brecht der Äpfel goldne Bälle;
Hin ist die Zeit der Schwärmerei,
So schätzt nun endlich das Reelle!

zu S. 74

Die in Aufgabe 5 zitierten Verse stammen von Bertolt Brecht.

Theodor Storm
Oktoberlied

Der Nebel steigt, es fällt das Laub;
Schenk ein den Wein, den holden!
Wir wollen uns den grauen Tag
Vergolden, ja vergolden!

Und geht es draußen noch so toll,
Unchristlich oder christlich,
Ist doch die Welt, die schöne Welt,
So gänzlich unverwüstlich!

Und wimmert auch einmal das Herz –
Stoß an und lass es klingen!
Wir wissen's doch, ein rechtes Herz
Ist gar nicht umzubringen.

Der Nebel steigt, es fällt das Laub;
Schenk ein den Wein, den holden!
Wir wollen uns den grauen Tag
Vergolden, ja vergolden!

Wohl ist es Herbst; doch warte nur,
Doch warte nur ein Weilchen!
Der Frühling kommt, der Himmel lacht,
Es steht die Welt in Veilchen.

Die blauen Tage brechen an,
Und ehe sie verfließen,
Wir wollen sie, mein wackrer Freund,
Genießen, ja genießen!

zu S. 84

Johann Wolfgang Goethe
Wandrers Nachtlied (Ein Gleiches)

Über allen Gipfeln
Ist Ruh',
In allen Wipfeln
Spürest du
Kaum einen Hauch;
Die Vögelein schweigen im Walde.
Warte nur! Balde
Ruhest du auch.

Textquellenverzeichnis

Anmerkung
con = Conrady: Das Buch der Gedichte. © Cornelsen Schulverlage GmbH, Berlin 2006
DN = Deutsche Naturlyrik, Reclam Verlag, Stuttgart 2012 (= RUB 18944)
echt = Echtermeyer: Deutsche Gedichte, © Cornelsen Schulverlage GmbH, Berlin 2005
erde = Die Erde will ein freies Geleit. Deutsche Naturlyrik aus sechs Jahrhunderten, hrsg. von Alexander von Bormann, Insel Verlag, Frankfurt/M., 1984
MDL = Moderne deutsche Naturlyrik, hrsg. von Edgar Marsch, Reclam Verlag, Stuttgart 1980 (= RUB 6966)

Arnim, Achim v.: Der Kirschbaum, S. 24. Aus: Die Erde will ein freies Geleit, S. 277
Astel, Arnfried: Naturlyrik, S. 7. Aus: Akzente. Zeitschrift für Literatur, 19. Jahrgang, 1972. Zweitausendeins Verlag, Frankfurt/M, Band 5, Heft 1, S. 9
Bachmann, Ingeborg: Früher Mittag, S. 55. Aus: Die gestundete Zeit. Piper Verlag, München 1974, S. 26 f. / Dies.: Die große Fracht, S. 56. Ebd., S. 15 / Dies.: Freies Geleit, S. 56. Aus: Gedichte, Erzählungen, Hörspiel, Essay. Piper Verlag, München 1964, S. 59 f.
Becher, Johannes R.: Oberbayrische Hochebene, S. 46. Aus: Der Glücksucher und die sieben Lasten. Verlagsgenossenschaft ausländischer Arbeiter in der UdSSR, Moskau 1938; auch: Aufbau Verlag 1958
Becker, Jürgen: Natur-Gedicht, con S. 556
Benn, Gottfried: Anemone, S. 72. Aus: Die Erde will ein freies Geleit, S. 302 / Ders.: Astern, S. 83. Aus: DN, S. 117
Biermann, Wolf: Der Herbst hat seinen Herbst, S. 60. Aus: Eins in die Fresse, mein Herzblatt. Live-Mitschnitt des Auftritts bei der Volksuni der FU Berlin am 25.5.1980
Bobrowski, Johannes: Nachtlied, S. 79. Aus: Die Erde will ein freies Geleit, S. 441
Bölsche, Wilhelm: Die naturwissenschaftlichen Grundlagen der Poesie. Zitiert nach: Texte, Themen und Strukturen. Cornelsen Schulverlage GmbH, Berlin 2008. S. 277
Borchers, Elisabeth: auf einen Geburtstag, S. 70. Aus: Die Erde will ein freies Geleit, S. 307
Borchert, Wolfgang: Am Fenster eines Wirtshauses beim Steinhuder Meer, S. 54. Aus: Das Gesamtwerk. Rowohlt-Verlag, Reinbek bei Hamburg 1949, S. 273
Brambach, Rainer: Das blaue Band, S. 86. Aus: Auch im April. Diogenes Verlag, Zürich 1983, S. 17
Brecht, Bertolt: Über reimlose Lyrik mit unregelmäßigen Rhythmen, S. 48. In: Über Lyrik. Suhrkamp Verlag, Frankfurt/M. 1964, S. 87 f. / Ders.: Frühling 1938, S. 46 f. Aus: Gesammelte Werke in 20 Bänden, Band 9, S. 815 f. / Ders.: Böser Morgen, S. 47. Ebd., Band 10, S. 1010 / Ders.: Vom Klettern in Bäumen, S. 67. Aus: Die Erde will ein freies Geleit, S. 316
Brentano, Clemens: Sprich aus der Ferne, S. 22. Aus: Werke, Bd. 1, hrsg. v. W. Frühwald et al., Carl Hanser, München 1968 / Ders.: Hörst du, wie die Brunnen rauschen..., S. 23. Aus: Werke, Bd. 1, hrsg. v. W. Frühwald et al., Carl Hanser, München 1968
Britting, Georg: Früher Falter, S. 51. Aus: Sämtliche Werke, Der unverstörte Kalender – Band 4. München 1996, S. 239
Busta, Christine: Die Sonnenblume, S. 72. Aus: Die Erde will ein freies Geleit, S. 312
Celan, Paul: Ein Blatt, baumlos..., S. 49. Aus: Schneepart. Suhrkamp-Verlag, Frankfurt/M. 1971, S. 59
Domin, Hilde: Nur eine Rose als Stütze, S. 70. Aus: Nur eine Rose als Stütze. S. Fischer Verlag, Frankfurt/M. 1959, S. 38
Droste-Hülshoff, Annette von: Mondesaufgang, S. 28. Aus: Werke in einem Band. Aufbau Verlag, Berlin und Weimar 1985, S. 179 f. / Dies.: Im Grase, S. 82. Aus: Droste-Hülshoff: Einzeln publizierte Gedichte. DB Sonderband: Die digitale Bibliothek der deutschen Lyrik
Eich, Günter: Winterliche Miniatur, S. 54. Aus: Abgelegene Gehöfte. Gesammelte Werke in vier Bänden, Band 1. Suhrkamp Verlag, Frankfurt/M. 1991, S. 27 / Ders.: Ende eines Sommers, S. 83. Aus: DN, S. 142
Eichendorff, Joseph v.: Wünschelrute, S. 21. Aus: Die Erde will ein freies Geleit, S. 435 / Ders.: Frische Fahrt, S. 25. Aus: DN, S. 151 / Ders.: Nachts, S. 25. Aus: DN, S. 151 / Ders.: Mittagsruh S. 25. Aus: Werke in einem Band, hrsg. v. Wolfdietrich Rasch. Carl Hanser Verlag, München 1955 / Ders.: Mondnacht, S. 81. Ebd., S. 271 f.
Enzensberger, Hans Magnus: Die Visite, S. 7. Aus: Hans Magnus Enzensberger, Gedichte 1950–1995. Suhrkamp Verlag, Frankfurt/M, S. 146. Dort aus: Hans Magnus Enzensberger: Kiosk. Neue Gedichte. Suhrkamp Verlag, Frankfurt/M. 1995 / Ders.: Hinweise zur Interpretation, S. 52. In: Nelly Sachs, Ausgewählte Gedichte. Suhrkamp Verlag, Frankfurt/M. 1963, S. 86 ff. (gekürzt) / Ders.: das ende der eulen, S. 73. Aus: Landessprache. Suhrkamp Verlag, Frankfurt/M. 1969, S. 28 f. / Ders.: Nänie, S. 74. Aus: Blindenschrift. Suhrkamp Verlag, Frankfurt/M. 1964, S. 48
Falberg, Tobias: Paternoster, S. 62. Aus: Jahrbuch der Lyrik 2011, hrsg. von Christoph Buchwald und Kathrin Schmidt. DVA, München 2011, S. 60
Fontane, Theodor: Im Herbst, S. 35. Aus: DN, S. 87
Fouqué, Friedrich de la Motte: Waldessprache, S. 23. Aus: DN, S. 58
Freiligrath, Hermann Ferdinand: Nebel, S. 27. Aus: Freiligraths Gedichte, dritte vermehrte Auflage. Cotta Verlag, Stuttgart und Tübingen 1840, S. 44 f. (Rubrik „Tagebuchblätter")
Fried, Erich: Neue Naturdichtung, S. 5. Aus: Erich Fried, Die Freiheit den Mund aufzumachen. Verlag Klaus Wagenbach, Berlin 1972, S. 25 / Ders.: Der Baum vor meinem Fenster, S. 50. Aus: Gesammelte Werke, Gedichte 3. Berlin 1994, S. 350 / Ders.: Die Bäume, S. 69. Aus: Einbruch der Wirklichkeit. Verstreute Gedichte. Verlag Klaus Wagenbach, Berlin 1991
Fritz, Walter Helmut: Bäume, S. 49. Aus: Schwierige Überfahrt. Gedichte. Hamburg 1976, S. 64
George, Stefan: Komm in den totgesagten park, S. 38. Aus: DN, S. 183 / Ders.: Wir blieben gern bei eurem reigen drunten..., S. 38. Aus: Werke. Ausgabe in zwei Bänden. Verlag Küpper, München und Düsseldorf 1958
Goes, Albrecht: Landschaft der Seele, S. 58. Aus: Gedichte. Fischer Verlag. Frankfurt/M. 2008, S. 31
Goethe, Johann Wolfgang: Maifest, S. 10. Aus: Hamburger Ausgabe, hrsg. von Erich Trunz, C. H. Beck Verlag 1968, Bd. 1, S. 30 / Ders.: Ganymed, S. 11. Aus: Hamburger Ausgabe 1968, Bd. 1, S. 46 f. / Ders.: Auf dem See, S. 12. Aus: Hamburger Ausgabe 1968, Bd. 1, S. 102 / Ders.: Natur und Kunst, S. 15. Aus: Hamburger Ausgabe 1968, Bd. 1, S. 245 / Ders.: Gesang der Geister über den Wassern, S. 16. Aus: Hamburger Ausgabe 1968, Bd. 1, S. 143 / Ders.: Mächtiges Überraschen, S. 17. Aus: Hamburger Ausgabe 1968, Bd. 1, S. 294 / Ders.: Gingo Biloba, S. 65. Aus: Ebd., Bd. 2, S. 66 / Ders.: Wayfarer`s Night Song in der Übersetzung von H. Wadsworth Longfellow in unbekannter Übertragung / Ders.: Wandrers Nachtlied (Ein Gleiches), S. 93. Aus: Hamburger Ausgabe 1968, Bd. 1, C. H. Beck Verlag
Grünbein, Durs: An der Elbe, S. 61. Aus: Grauzone morgens. Suhrkamp Verlag, Frankfurt/M. 1988, S. 35 f.
Günderode, Karoline v.: Der Kaukasus, S. 24. Aus: Conrady, Das Buch der Gedichte, Cornelsen Schulverlage GmbH, Berlin 2006, S. 29
Härtling, Peter: An den Ginkgo vor der Tür, S. 65. Aus: Werke, Bd. 8: Gedichte. Kiepenheuer & Witsch, Köln 1999
Hebbel, Friedrich: Sommerbild, S. 35. Aus: Die Erde will ein freies Geleit, S. 163 / Ders.: Herbstbild, S. 35. Ebd., S. 179
Heine, Heinrich: Verdross'nen Sinn..., S. 27. Aus: Werke, ausgewählt und hrsg. von Martin Greiner, Erster Band. Kiepenheuer und Witsch, Berlin und München o.J., S. 204, (Neue Gedichte 42) / Ders.: Reisebilder, S. 29. Ebd., S. 408 / Ders.: Das Fräulein stand am Meere..., S. 29. Ebd., S. 210 / Ders.: Sonnenuntergang, S. 30. Ebd., S. 156 / Ders.: Wahrhaftig, S. 31. Ebd., S. 54 f. / Ders.: Von alten Märchen winkt es..., S. 85. Aus: Buch der Lieder, dtv, München 1987, S. 92
Heise, Hans-Jürgen: Versprechen, S. 71. Aus: Gedichte und Prosagedichte 1949–2001. Wallstein Verlag, Göttingen 2002
Herder, Johann Gottfried: Die Natur, S. 13. DN, S. 37
Hermlin, Stephan: Die Vögel und der Test, S. 73. Aus: Gesammelte Werke. Gedichte. München 1979, S. 64

Heym, Georg: Printemps, S. 43. Aus: Dichtungen und Schriften, Bd. 1, hrsg. v. Karl Ludwig Schneider. Verlag Heinrich Ellermann, Hamburg und München 1964 / Ders.: Der Winter, S. 43. Ebd. / Ders.: Der Abend, S. 45. Ebd.
Hippel-Schäfer, Gabriele von: Frühlings-Erinnern, S. 63. Aus: Zeit der dunklen Frühe. Zeitgenössische Naturlyrik. Edition L, Hockenheim 2004, S. 22
Hoddis, Jakob van: Morgens, S. 45. Aus: Weltende. Zürich, Arche 1958
Hofmannsthal, Hugo von: Was ist die Welt?, S. 37. Aus: Conrady, Das Buch der Lieder. Cornelsen Schulverlage GmbH, Berlin S. 321
Hölderlin, Friedrich: Der Spaziergang, S. 19. Aus: Die Erde will ein freies Geleit, S. 328 / Ders.: Hälfte des Lebens, S. 19. Ebd., S. 210 / Ders.: Die Eichbäume, S. 66. Aus: Werke in zwei Bänden, hrsg. v. Günther Mieth. Aufbau Verlag, Berlin 1989, S. 117 f.
Hölty, Ludwig Christoph Heinrich: Mailied, S. 10. Aus: Die Erde will ein freies Geleit, S. 78
Holz, Arno: Mählich durchbrechende Sonne, S. 82. Aus: echt, S. 422 f.
Huchel, Peter: Unter der blanken Hacke …, S. 58. Aus: Gesammelte Werke in 2 Bänden, Band 1 Gedichte. Suhrkamp Verlag, Frankfurt/M. 1994, S. 211
Jonas, Jürgen: Danach, S. 63. Aus: Kirschblütengedichte. Holunderwerk, Tübingen 2011, S. 130
Kaschnitz, Marie Luise: Gelassene Natur, S. 83. Aus: Dunkle Zeit. In: Gesammelte Werke, 5. Band, Die Gedichte. Frankfurt/M. 1985, S. 124
Kästner, Erich: Besagter Lenz ist da, S. 87. Aus: Gesammelte Schriften, Köln 1957, Bd. 1, S. 45 f.
Kirsch, Rainer: Gespräch mit dem Saurier, S. 57. Aus: Sarah und Rainer Kirsch, Gespräch mit dem Saurier. Verlag Neues Leben, Berlin 1965, S. 43 f.
Kirsch, Sarah: Der Saurier, S. 57. Aus: Sarah und Rainer Kirsch, Gespräch mit dem Saurier. Verlag Neues Leben, Berlin 1965, S. 30 / Dies.: Ferne, S. 63. Aus: Gedichte, DVA, Stuttgart 1992, S. 65 / Dies.: Bäume, S. 74. Aus: Landwege, Deutsche Verlags-Anstalt, Stuttgart 1985, S. 135 / Ders.: Katzenleben, S. 78. Aus: Katzenleben: Gedichte. Deutsche Verlagsanstalt, Stuttgart 1991, S. 74
Kolmar, Gertrud: Trauerspiel, S. 77. Aus: Gedichte. Suhrkamp Verlag, Frankfurt/M. 1996
Krechel, Ursula: Ich fälle einen Baum, S 5. Aus: Ursula Krechel, Nach Mainz. Luchterhand Verlag, Darmstadt 1977
Krolow, Karl: Gemeinsamer Frühling, S 3. Aus: Karl Krolow, Alltägliche Gedichte. Suhrkamp Verlag, Frankfurt/M. 1968, S. 77 / Ders.: Der Baum, S. 68. Aus: Die Erde will ein freies Geleit, S. 320 / Ders.: Erwachen, S. 71. Ebd., S. 307 / Ders.: Neues Wesen, S. 86. Aus: Alltägliche Gedichte. Suhrkamp Verlag, Frankfurt/M. 1996
Krüger, Michael: Das Verbrechen, S. 49. Aus: Diderots Katze. Gedichte. Carl Hanser Verlag, München, Wien 1978, S. 80
Kunert, Günter: Natur, S. 62. Aus: : Jahrbuch der Lyrik 2011, hrsg. von Christoph Buchwald und Kathrin Schmidt. DVA, München 2011, S. 193 / Ders.: Laika, S. 74. Aus: Erinnerung an einen Planeten. Gedichte. Carl Hanser Verlag, München 1963, S. 54 / Ders.: Unterwegs nach Utopia II, S. 75. Aus: Unterwegs nach Utopia. Gedichte, Carl Hanser Verlag, München 1982 / Ders.: Im Zoo, S. 76. Aus: Abtötungsverfahren. Carl Hanser Verlag, München, Wien 1980, S. 25 / Ders.: Sommerabend, S. 81. Aus: Die beflecke Empfängnis. Aufbau Verlag, Berlin und Weimar 1988, S. 79
Kunze, Reiner: Auch ein wintergedicht, S. 58. Aus: Akzente. Zeitschrift für Literatur, 17. Jg 1970, S. 385 / Ders: Fast ein frühlingsgedicht, S. 58. Aus: Zimmerlautstärke. Gedichte. Fischer Verlag, Frankfurt/M. 1972, S. 37 / Ders.: Der Hochwald erzieht seine Bäume, S. 67. Aus: Sensible Wege. Rowohlt Taschenbuchverlag, Reinbek bei Hamburg 1976, S. 9
Langgässer, Elisabeth: Frühling 1946, S. 53. Aus: Gesammelte Werke, Gedichte. Claasen Verlag, 1959, S. 158.
Laschen, Gregor: Naturgedicht 7. Aus: Gregor Laschen, Die andere Geschichte der Wolken. Gedichte. Hanser Verlag, München/Wien 1983
Lenau, Nikolaus: Waldlieder, S. 84. Aus: Lenaus Werke in einem Band. Aufbau Verlag, Berlin und Weimar 1981, S. 247 f.

Malkowski, Rainer: Die Zypresse, S. 68. Aus: Zu Gast. Gedichte. Suhrkamp Verlag, Frankfurt/M. 1983
Meyer, Conrad Ferdinand: Möwenflug, S. 80. Aus: Sämtliche Werke, hrsg. v. Hans Zeller und Alfred Zäch. Bd. 1. Benteli, Bern: 1963, S. 190
Morgenstern, Christian: Mensch und Tier, S. 76. Aus: Das Goetheanum, Gedichte aus dem Nachlass 1887–1905.
Mörike, Eduard: Im Frühling, S. 31. Aus: Conrady, S. 295 / Ders.: Er ist's, S. 32. Aus: Echtermeyer, S. 352 / Ders.: Septembermorgen, S. 32. Ebd., S. 350 / Ders.: Um Mitternacht, S. 32. Ebd., S. 350
Nietzsche, Friedrich: Vogel Albatros, S. 79. Aus: Idyllen aus Messina In: Werke, Krit. Gesamtausgabe, Band 5.2, hrsg. von G. Colli und M. Montinari, S. 9 f.
Novalis: Wenn nicht mehr Zahlen und Figuren …, S. 21. Aus: Novalis. Werke, Tagebücher und Briefe Friedrich von Hardenbergs. Carl Hanser Verlag, München 1978, Bd. 1, S. 406
Piontek, Heinz: Krähen, S. 54. Aus: Die Furt. Gedichte. Bächtle Verlag, Esslingen 1952, S. 18
Rathenow, Lutz: 2084, S. 74. Aus: Zangengeburt, Piper Verlag, München 1982
Richstein, Rike: Endlos S 64. Aus: Zartbitter. Gedichte der Literaturwerkstatt des Gymnasiums am Hoptbühl, S. 106 , zit. nach überarbeitetem, unveröffentlichtem Manuskript, 2013 / Dies.: Der Mond in dieser Nacht, S. 64. Ebd., S. 105
Rilke, Rainer Maria: Herbsttag, S. 39. Aus: DN, S. 185 / Ders.: Wilder Rosenbusch, S. 39. Aus: Sämtliche Werke, Bd. 2. Insel-Verlag, Wiesbaden 1955 / Ders.: Der Schwan, S. 40. Ebd. / Ders.: Blaue Hortensie, S. 71. Aus: Werke. Bd. 1, Gedichte 1895 – 1910. Hrsg. v. Manfred Engel. Frankfurt, Insel-Verlag, Frankfurt/M. 1996 / Ders.: Der Panther, S. 77. Aus: Sämtliche Werke, Bd. 1, hrsg. v. E. Zinn. Frankfurt/M, Insel-Verlag, 1955 / Ders.: Der Hund, S. 78. Ebd.
Rühmkorf, Peter: Bleib erschütterbar und widersteh, S. 60. Aus: Haltbar bis Ende 1999. Gedichte. Rowohlt Verlag, Reinbek bei Hamburg 1979, S. 28 / Ders.: Wo die Götter die Daumen drehen, S. 81. Aus: Irdisches Vergnügen in g. Rowohlt Verlag, Reinbek bei Hamburg 1959, S. 10 / Ders.: Lied der Naturlyriker, S. 85. Ebd., 1959, S. 59
Sachs, Nelly: Schmetterling, S. 51. Aus: Ausgewählte Gedichte. Suhrkamp Verlag, Frankfurt/M. 1963, S. 18
Sayer, Walle: Nichts, nur, S. 64. Aus: Kerngehäuse. Eine Innenansicht des Wesentlichen. Klöpfer und Meyer Verlag, Tübingen 2009, S. 25
Schiller, Friedrich: Morgenphantasie, S. 14. Aus: Die Erde will ein freies Geleit, S. 52 / Ders.: Berglied, S. 18. Aus: Gedichte. Hrsg. von Georg Kurscheidt. Deutscher Klassiker Verlag, Frankfurt/M. 1992.
Scholz, Wolfgang: Ein Gespräch …, S. 49. In: Die Horen 18, 1973, H. 89, S. 90
Stadler, Ernst: Form ist Wollust, S. 41. Aus: Kurt Pinthus (Hrsg.), Menschheitsdämmerung. Rowohlt, 34. Aufl., Reinbek bei Hamburg 2006, S. 312 / Ders.: Vorfrühling, S. 42. Ebd., S. 165
Stifter, Adalbert: Das sanfte Gesetz, S. 28. Aus: Vorrede zu „Bunte Steine". Aus: Gesammelte Erzählungen in drei Bänden, Band 1, hrsg. von W. Hoyer. Dieterich'sche Verlagsbuchhandlung, Leipzig, S. 2 f.
Storm, Theodor: Herbst, S. 34. Aus: Werke in einem Band, hrsg. von Peter Goldammer. Carl Hanser Verlag. München, Wien, 1999, S. 50 f. / Ders.: Oktoberlied, S. 34. Ebd., S. 9.
Stramm, August: Vorfrühling, S. 42. Aus: Dein Lächeln weint. Gesammelte Gedichte. Limes-Verlag, Wiesbaden 1956
Trakl, Georg: Der Herbst des Einsamen, S. 44. Aus: Die Erde will ein freies Geleit, S. 186 / Ders.: Im Winter, S. 44. Aus: Dichtungen und Briefe, Bd. 1, hrsg. v. Walter Killy. Otto Müller Verlag, Salzburg 1969
Uhland, Ludwig: Frühlingsglaube, S. 3. Aus: Ludwig Uhland, Tübinger Nationaldichter, hrsg. v. G. Braungart et. al., Katalog der Ausstellung im Tübinger Stadtmuseum 5.10. – 2.12., S. 31. f.
Weinheber, Josef: An einen Schmetterling, S. 51. Aus: Sämtliche Werke, Band 1: Gedichte erster Teil. Salzburg 1953, S. 436 / Ders.: Löwenzahn, S. 72. Aus: Die Erde will ein freies Geleit, S. 309
Werner, Dittmar: Illusion, S. 75. Aus: Doppelfenster. Lyrik. Bläschke Verlag 1983, S. 60

Bildquellenverzeichnis

S. 3; 9, 15, 17, 18, 20, 24, 26: akg-images; **S. 6:** Max Peintner, Wien; **S. 9:** akg-images; **S. 11:** akg-images / Erich Lessing; **S. 12:** akg-images / André Held; **S. 29:** © ollrg - Fotolia.com; **S. 31:** Kilian Lipp, Bad Hindelang; **S. 35:** © fotoknips - Fotolia.com; **S. 36, 37, 40:** akg-images; **S. 42:** VG Bildkunst, Bonn 2013; **S. 46:** akg-images/ Erich Heckel „Gewitterlandschaft" (1913), Brücke Museum © Nachlass Erich Heckel, Hemmenhofen; **S. 48:** akg-images; **S. 52:** (Pfauenauge) © vencav - Fotolia.com; **S. 52:** (Schwalbenschwanz) © Steve Byland - Fotolia.com; **S. 53:** © ingwio - Fotolia.com; **S. 56:** © picturemaker01 - Fotolia.com; **S. 58:** © kaeptn_chemnitz - Fotolia.com; **S. 59:** picture alliance / rtn - radio tele nord; **S. 63:** Kilian Lipp, Bad Hindelang; **S. 65:** © Nenov Brothers - Fotolia.com; **S. 66:** picture alliance / Arco Images GmbH; **S. 68:** Kilian Lipp, Bad Hindelang; **S. 69:** © munich1 - Fotolia.com; **S. 70:** © Delphimages - Fotolia.com; **S. 71:** © Lena Leonovich - Fotolia.com; **S. 73:** bpk/Sprengel Museum Hannover / Michael Herling/ Aline Gwose; **S. 74:** akg-images / RIA Nowosti; **S. 75:** © guentermanaus - Fotolia.com; **S. 76:** akg-images; **S. 77:** (Tiger) © Gokychan - Fotolia.com; (Panther) picture-alliance / Ton Koene; **S. 78:** Peter Merkel, Wilhelmsfeld; **S. 79:** © lighthunter - Fotolia.com; **S. 81, 84, 89:** akg-images; **S. 90:** (Carl Gustav Carus: Die Dreisteine im Riesengebirge) akg-images / Erich Lessing; **S. 90:** (Carl Gustav Carus: Mondnacht über Ruine Eldena) akg-images; **S. 90:** (John Constable: Dedham vale) akg-images; **S. 91:** (Paul Serusier, Melancholie) akg-images / Laurent Lecat; **S. 91:** (Fanz Marc: Tiger) akg-images; **S. 92:** akg-images

Redaktion: Dirk Held, Ottobrunn
Layout und technische Umsetzung: Ralf Franz, CMS Berlin

www.cornelsen.de

Dieses Werk berücksichtigt die Regeln der reformierten Rechtschreibung und Zeichensetzung.
Bei den mit R gekennzeichneten Texten haben die Rechteinhaber einer Anpassung widersprochen.

1. Auflage, 1. Druck 2013

Alle Drucke dieser Auflage sind inhaltlich unverändert
und können im Unterricht nebeneinander verwendet werden.

© 2013 Cornelsen Schulverlage GmbH, Berlin

Das Werk und seine Teile sind urheberrechtlich geschützt.
Jede Nutzung in anderen als den gesetzlich zugelassenen Fällen bedarf
der vorherigen schriftlichen Einwilligung des Verlages.
Hinweis zu den §§ 46, 52a UrhG: Weder das Werk noch seine Teile dürfen ohne eine
solche Einwilligung eingescannt und in ein Netzwerk eingestellt oder sonst öffentlich
zugänglich gemacht werden.
Dies gilt auch für Intranets von Schulen und sonstigen Bildungseinrichtungen.

Druck: Stürtz GmbH, Würzburg

ISBN: 978-3-464-61236-1

 Inhalt gedruckt auf säurefreiem Papier aus nachhaltiger Forstwirtschaft.